Andrés Ros Campos

CARLO SCARPA
La arquitectura de los sentidos; matices y significados

Ros Campos, Andrés
La arquitectura de los sentidos; matices y significados / Andrés Ros Campos. -
1ª ed . - Ciudad Autónoma de Buenos Aires : Diseño, 2022.
118 p. ; 21 x 15 cm. - (Textos de arquitectura y diseño / Camerlo, Marcelo)
ISBN 978-1-64360-664-4

1. Arquitectura . 2. Historia. 3. Investigación.
CDD 720.1

Textos de Arquitectura y Diseño

Director de la Colección:
Marcelo Camerlo, Arquitecto

Diseño de Tapa:
Liliana Foguelman

Diseño gráfico:
Cecilia Ricci

Hecho el depósito que marca la ley 11.723

ISBN 978-1-64360-664-4
ISBN ebook: 978-1-64360-665-1

Julio de 2022

Andrés Ros Campos

CARLO SCARPA
La arquitectura de los sentidos; matices y significados

diseño

CARLO SCARPA
LA ARQUITECTURA DE LOS SENTIDOS; MATICES Y SIGNIFICADOS

ÍNDICE

PREFACIO

Este escrito está destinado a apasionados de la arquitectura, no necesariamente arquitectos, con la intención de transmitirles, en la medida de lo posible, la misma pasión con la que algunos de los espacios y detalles más relevantes de la historia de la arquitectura fueron creados por el genial arquitecto italiano Carlo Scarpa.

La genialidad de este creador irrepetible se puede explicar mediante la difícil combinación entre tradición histórica y la modernidad y una profunda capacidad autocrítica a través de un método creativo que defiende el dibujo como proceso reflexivo fundamental. Se muestra, así como un paradigma magistral entre las figuras más relevantes del siglo XX en la disciplina de la arquitectura y del diseño.

La reflexión tiene su origen en la tesis titulada "Carlo Scarpa; la abstracción como argumento de lo sublime" leída en la Universidad Politécnica de Valencia en 2016. Fruto de ella, el estudio del legado gráfico del arquitecto en el archivo de la ciudad de Treviso y en los fondos del museo MAXXI de Roma me permitió conocer al maestro en primera persona, descubriendo su absoluta dedicación apasionada por el diseño. Sin embargo, no es una repetición exhaustiva de la tesis citada. Tampoco su pretensión es la de un análisis técnico, sino más bien de una reflexión artística. El libro por tanto inicia un camino que no pretende cerrar.

El ensayo se ha estructurado de forma que pueda ser leído por capítulos, sin importar demasiado el orden ya que no sigue una secuencia cronológica sino conceptual. También pueden ser consultadas las imágenes de forma alterna, ya que no se han referenciado al texto por no tratarse de un análisis exclusivo de las obras a las que hacen referencia.

Finalmente, se puede abordar el texto consultando las citas que en él aparecen. En ellas se acompañan las fechas en las que fueron formuladas, pero solo en aquellas que fueron enunciadas por Scarpa o que, por coetáneas, pudieron influirle. Las demás citas aportan claridad al texto y me permiten explicar mejor los conceptos tratados.

Andrés Ros Campos
Valencia, julio de 2022.

PEQUEÑOS DETALLES DE UN MAESTRO

A lo largo del siglo XX debemos reconocer los méritos de alguien que consiguió capturar la esencia regionalista en su arquitectura. Que fue capaz de hacer magia con las texturas y los encuentros entre materiales. Que desarrolló la capacidad emotiva de la arquitectura.

Carlo Scarpa recibió su formación artística en la Academia de Bellas Artes de Venecia, su ciudad natal. Durante su etapa de estudiante ejercitó y desarrollo una capacidad gráfica exquisita, como se aprecia en los dibujos de aquellos años. Dibujó todo tipo de motivos, incluyendo edificios, espacios públicos o motivos figurativos.

En ese contexto, sus inicios como estudiante y diseñador se verían afectados por el hecho de que, desde finales del siglo anterior, la decoración había empezado a estar cuestionada en beneficio de una comprensión abstracta y existencialista de la realidad.

Con el tiempo, Scarpa que no había acudido a la escuela de arquitectura como alumno, acabaría haciéndolo como profesor y posteriormente director del Istituto Universitario di Architettura di Venezia (IUAV). Su criterio fue evolucionando con el tiempo de manera autodidacta en un lento proceso reflexivo a la vez que pedagógico. El resultado fue una arquitectura elegante, intelectual, artesanal y artística.

Sus diseños, tanto arquitectónicos como aquellos de menor escala, no pueden encuadrarse en formalismos ni en estilos comunes, sino más bien deberían entenderse como un proceso intelectual, interpretativo de la tradición, e innovador. Su método se centraba en el pensamiento, la perseverancia, el análisis, la corrección, la duda, la crítica y la sabiduría de la historia. Un proceso necesitado del dibujo para pensar, para ver la solución, sometiendo constantemente las soluciones a una exigente autocrítica.

Scarpa abrazó la modernidad, pero la interpretó sin rechazar los elementos históricos, combinándolos con el pensamiento arquitectónico moderno. Desde la perspectiva completa del siglo XX, podemos considerarlo un verso suelto en la amalgama de realidades arquitectónicas, que no encajaba en la clasificación convencional de estilos arquitectónicos.

El original avance depurador del Movimiento Moderno se había convertido después de la Segunda Guerra Mundial en cierta ortodoxia limitante. Las nuevas generaciones de arquitectos estaban ávidas por las nuevas

Acceso del IUAV. 1966. Antigua puerta del acceso al monasterio San Nicolò deiTolentini en Venecia. Carlo Scarpa proyectó el acceso y propuso la disposición de las ruinas de la antigua puerta en horizontal. El proyecto fue ejecutado por Sergio Los en 1984. Fotografía: Andrés Ros.

interpretaciones. No rechazaban la anterior revolución de la arquitectura moderna, que había destronado el academicismo para siempre.

Sin embargo, existían otros ingredientes, otros parámetros que encontraban en las realidades culturales otra fuente de inspiración. Una tendencia hacia el regionalismo que se desarrollaría en la segunda mitad del siglo, adoptando conocimientos locales de la historia, de la arquitectura popular y de la cultura tradicional.

Existía también otra deuda del Movimiento Moderno. En esa defensa de la sencillez, de la pureza formal y de la sincronización funcional, los arquitectos no se habían atrevido a reinterpretar aquellos elementos de la tradición que disponían de una función estética y ornamental útil. La tendencia hacia la abstracción parecía haber borrado el concepto de ornamento.

Como contraste a esta actitud, Scarpa, sin renunciar al repertorio moderno, indagará en la tradición arquitectónica en busca de aquellos elementos útiles. El conjunto de matices y el resultado del diseño de su arquitectura no tiene ningún reflejo mimético con ningún precedente en la historia de la arquitectura. En este sentido la manera scarpiana se revela como propia, y refleja la idiosincrasia del maestro.

Una capacidad de síntesis histórica relaciona estos avances dados por otros, uniéndolos de forma magistral. Esa conexión es la abstracción arquitectónica, como síntesis de lo ya avanzado y como mecanismo intelectual capaz de revolucionar el planteamiento del diseño.

El avance en la abstracción arquitectónica se realizó progresivamente tomando como base la transgresión de las vanguardias, que hicieron posible romper las antiguas convenciones. Lo hicieron, no solo desnudando la forma, y por extensión la arquitectura, sino llevando a cabo una operación de descomposición para reinterpretar cada uno de los elementos que la componen.

Con esta operación se conseguía radicalizar la expresión formal, cayendo sin embargo en el riesgo de desatender el pequeño detalle, imprescindible para dialogar con la escala humana que los nórdicos como Alvar Aalto fueron capaces de detectar desde un primer momento, sin renunciar a la base moderna. Scarpa se postula así en el genio meridional del detalle abstracto y moderno, en paralelo a su colega nórdico.

La obra de Carlo Scarpa demuestra el interés por los procesos reflexivos de la creación arquitectónica y la introducción del ornamento abstracto y geométrico, cuidadosamente depurado. Mediante la abstracción persigue la solución perfecta de cada elemento y la sincronización de todos ellos en el contexto del espacio arquitectónico.

Esta idea nos lleva a fijarnos en el detalle como aglutinante de muchas de las aspiraciones de Scarpa en su búsqueda de la perfección del diseño. La dedicación del maestro se siente en cada uno de estos detalles pensados y ejecutados con destreza, gracias a un interés por la corrección y la satisfacción por la obra completa diseñada con precisión helenística.

Dibujos realizados en la academia de Bellas Artes de Venecia durante sus estudios. Entre 1920 y 1926. Carlo Scarpa. Fuente: MAXXI Roma.

Sin embargo, es necesario aclarar que más allá de su aparente pragmatismo, su propuesta incluye una carga teórica importante. Su obra no consiste únicamente en la relación de elementos físicos, sino de soluciones intelectuales. La presencia de la luz, de la gravedad, de las sensaciones (acústica, visual y táctil), y del simbolismo, se manifiestan como elementos abstractos utilizados para completar una obra de arte.

Esta arquitectura es en su totalidad un detalle, considerando el mismo como la reflexión que llena de matices las soluciones, más allá de la escala reducida, que evoca su significado. No es por tanto un detalle solo dimensional sino también transcendental, y simbólico. Como define Ada Francesca Marcianò, su arquitectura es, más que funcional, semánticamente elocuente.[1]

Existe también en su arquitectura una profusión de materiales que sin embargo están perfectamente sincronizados en un intento de generar

[1] Marcianò, Ada Francesca. Carlo Scarpa. Gustavo Gili, 1984.

espacios, ambientes, y atmósferas pausadas y tranquilas, sin estridencias en el lenguaje visual utilizado.

Así, el diálogo entre materiales, distintos elementos, o distintos espacios se revela inteligible. Todo ello debido a una continua operación de desmontaje y vuelta a armar de las partes constituyentes del proyecto. Es decir, un proceso que necesita la comprensión y la coherencia en la combinación de cada uno de ellos. Esta habilidad requiere a su vez de un control sobre el lenguaje visual de la escena.

Los mecanismos abstractos de encuentro utilizados por Scarpa son una solución aplicable a elementos separados cronológicamente. Es decir, el maestro encuentra los argumentos necesarios para intervenir en el patrimonio arquitectónico haciendo dialogar lo histórico con lo contemporáneo en un discurso legible y rimado convenientemente.

Esta abstracción le otorga también una capacidad aséptica en algunas de las soluciones contempladas, donde no es necesario decir nada. Todo ello es posible gracias a la extrema sensibilidad visual del arquitecto, y un control magistral en la relación entre observador y espacio. Scarpa se convierte así en un intérprete de espacios. A través de la abstracción como medio y la geometría como mecanismo, consigue con la austeridad una riqueza espacial que otorga de atmósfera su arquitectura. Esta relación entre elementos separados remite a la idea de fragmentación.

La percepción del trabajo de Scarpa como una composición de fragmentos, surge tal y como relata Manfredo Tafuri, en la sistemática utilización de símbolos y sugerencias formales. La singularidad de cada elemento que encontramos en el espacio forma parte de un todo indivisible. Este juego de piezas y elementos constituye un ejercicio de fragmentación. La describe de la siguiente forma:

> "...Juego de sabiduría formal en fragmentos, por lo tanto, organización abierta de frases interrumpidas. El lenguaje scarpiano parece basado en una poética que, forzando la interpretación, alguien podría leer en clave melancólica como alegoría barroca..."
>
> Manfredo Tafuri.[2]

---

[2] Tafuri, Manfredo. Il frammento, la figura, il gioco. contenido en Co, F.D. Mazzariol, G. 1985. Carlo Scarpa: The Complete Works. Electa. p.77.

Dibujos realizados en la academia de Bellas Artes de Venecia durante sus estudios. Entre 1920 y 1926. Carlo Scarpa. Fuente: MAXXI Roma.

Constantemente, Scarpa va más allá de lo estrictamente funcional para adentrarse en la esfera fisiológica e intelectual de los sentidos. Lo que lo aproxima al debate del ornamento es su necesidad de llenar el vacío sensorial de la ortodoxia moderna con la estimulación de los sentidos a través de la riqueza perceptiva. La fragmentación contribuye a la adopción de un lenguaje abstracto.

Cada elemento encuentra su lugar apropiado para ser imprescindible, ya sea por una función programática requerida o una función estética y perceptiva. El lugar de cada pieza está escogido y estudiado como la palabra apropiada que encaja en una poesía. La rima es fundamental, la armonía es constante.

Hablamos, en este caso de una arquitectura de los sentidos en la que las sensaciones son parte del espacio. Se recurre para ello a la abstracción como garantía de la reducción a la esencia de lo diseñado.

"La gramática abstracta de puntos, planos y espacios, se convierte en la herramienta formal con la que descomponer formas y conductas, con el fin de, libre e ilimitadamente, reorganizarlas en unos sistemas de objetos cuya eficacia psicofisiológica ha ocupado el lugar de la experiencia estética clásica."

Solà Morales.[3]

Hereu, Montaner y Oliveras afirman que desde la ilustración se profundizó en la idea de que la elaboración de las sensaciones percibidas era el origen de las cualidades estéticas del arte y esto conllevó a que el arte centrara su interés en potenciar lo perceptible.[4]

Su trabajo nos sugiere la permanencia del significado en el hecho abstracto. En arquitectura, lo abstracto está cargado de contenido y significado que como defiende Donis Dondis, requiere de la sencillez para expresarte con total rotundidad y potencia. La efectividad del símbolo reside precisamente en la capacidad de estimular nuestra memoria, y lo define así en la siguiente cita:

"La abstracción hacia el simbolismo requiere una simplicidad última, la reducción del detalle visual al mínimo irreductible. Un símbolo, para ser efectivo, no solo debe verse y reconocerse sino también recordarse y reproducirse".

Donis Dondis.[5]

---

[3] Ignasi de Solà-Morales i Rubió. Inscripciones. 2003. Editorial Gustavo Gili. P.173
[4] Hereu, P., Montaner, J.M., Oliveras, J. Textos de Arquitectura de la Modernidad. Ed Nerea. Barcelona 1994.
[5] Donis A. Dondis. La sintaxis de la imagen. Introducción al alfabeto visual. Gustavo Gili, 1998. P.35.

De lo dicho hasta el momento es necesario destacar la idea de que el criterio arquitectónico de Carlo Scarpa se forma en la lectura de la arquitectura moderna, y de las vanguardias de principios del siglo XX. Su criterio asumirá cierta dosis de eclecticismo, único y original, que parece integrar teorías y conclusiones de diferente naturaleza; desde el neoplasticismo, al cubismo o la abstracción pictórica.

El aglutinante de todas ellas es precisamente la necesidad de alcanzar la esencia de lo propuesto a través del intelecto, algo que llamamos abstracción arquitectónica. Un diseño útil que nos hace pensar. Requiere de cuidado mimo y delicadeza. De dedicación anti mercantilista y serenidad y respeto por la historia del arte. Calidad, en definitiva.

Consecuentemente, las fuentes de inspiración son variadas. Scarpa reconoció su eclecticismo al afirmar que era un artista de Bizancio, y sirva de prueba la utilización del color o la diversidad de materiales que aplicó en sus proyectos, que rememoran la conjugación bizantina. A esta analogía habría que añadir las alusiones simbólicas y la inclusión de ornamentación como concepto en sus obras.

La trayectoria de Scarpa se caracterizó por la importancia del detalle, lo que los bizantinos llamarían decoración. Su diseño se basó en un planteamiento abstracto, que utilizaba la geometría para una depuración total consiguiendo un equilibrio entre el detalle y la totalidad del conjunto. Esa depuración abstracta, (ni reducción, ni minimalismo) aportaba la necesaria lectura unitaria.

Con el título "Può l´architettura essere poesía?", impartió Scarpa su conferencia celebrada en la Academia de Bellas Artes de Viena el 16 de noviembre de 1976 y de la que se reproducen aquí algunas líneas extraídas de la monografía dedicada a la obra completa del arquitecto.

"Me siento muy conmovido. La tradición de mis estudios por una especie de natural afinidad geográfica me ha llevado a estar más cerca de la modernidad que procedía de Viena, con los nombres gloriosos que todos vosotros conocéis. Naturalmente, el artista que más he admirado y que más me ha instruido era el que tenía más posibilidades de que se le publicara en las revistas alemanas (recuerdo "Moderne Bauformen" y "Wasmuths Monatshefte"), Josef Hoffmann. En Hoffmann hay una profunda expresión del sentido de

la decoración que, a los estudiantes acostumbrados a la Academia de bellas
Artes, les hacía pensar, como afirma Ruskin que "la arquitectura es decora-
ción". La razón de todo ello es muy sencilla; en el fondo, yo soy un bizantino y
Hoffmann, en el fondo, tiene caracteres un poco orientales de la Europa vuelta
hacia Oriente. Quien conozca las formas expresivas del arte de este arquitecto,
debería estar de acuerdo con lo que yo digo".

Carlo Scarpa. 1976[6]

En palabras de Solà Morales; el Movimiento Moderno supondrá la ruptura del orden académico, el atrevimiento de plantear la fragmentación, la
dispersión y la amnesia, el olvido del centro. La arquitectura se plantea
descentrada. El proceso de abstracción que el eclecticismo representa es
el origen y arranque del Movimiento Moderno. Le Corbusier dará su opi-
nión al respecto, aludiendo a la diferencia entre el eclecticismo y el Movimiento Moderno. El uno vela por el método mientras que el otro lo hace por
el orden.[7]

"La diferencia entre la abstracta disponibilidad de los métodos compositivos en el
eclecticismo y en el Movimiento Moderno está en la referencia final que uno y otro
tienen, unos desde el método compositivo otros desde el orden como un plantea-
miento abierto, que tiene que ver con la técnica, la escala humana y la matemática."

Le Corbusier. 1923.[8]

En conclusión, podemos establecer que los criterios del Movimiento Moderno no surgen de forma espontánea, sino que hay una base de conocimiento que favorece el eclecticismo y que hizo posible que, poco a poco,
la abstracción fuera ganando terreno en el ámbito de la arquitectura.

De esta manera la adopción de los mecanismos de abstracción también
se explica por la intención de la arquitectura moderna de comunicar
lo esencial y obtener una manera eficaz de transmitirlo a través de las

[6] Francesco Dal Co, Giusseppe Mazzariol. Carlo Scarp: The Complete Works. Electa, Mila-
no. 1985. p.283.
[7] Ignasi Solà-Morales i Rubiò. Inscripciones. Editorial Gustavo Gili. 2003. P 15.
[8] Le Corbusier. L'Esprit Nouveau, n°18. 1923.

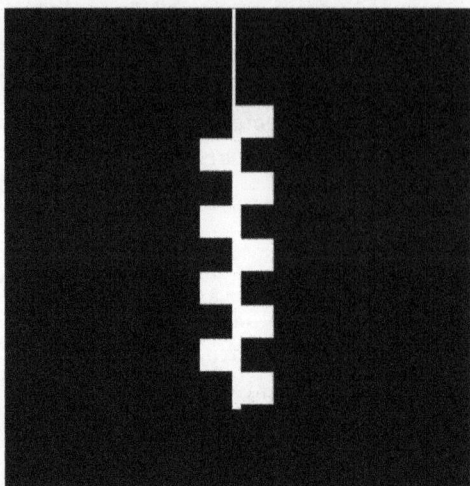

Esquema de detalle de la tienda Olivetti.
Venecia. 1957-58. Carlo Scarpa.
Dibujo Andrés Ros.

formas, algo que tiene que ver con el concepto de *einfühlung* o empatía
enunciada por Wilhem Worringer.[9]

> *"El mayor deleite del espíritu humano es la percepción del orden y la mayor*
> *satisfacción humana es la sensación de colaborar y participar en ese orden"*
>
> *Jeanneret-Ozenfant. 1921*[10]

Las diversas relaciones que podemos encontrar en la obra de Carlo
Scarpa no son consecuencia de una vinculación directa con sus colegas
coetáneos. Por su exclusividad no es posible integrarlo en ninguna tendencia del momento. Algunas de estas influencias se deben más al clima
arquitectónico predominante que a una relación directa entre colegas.

---

[9] Worringer, Wilhem. Historiador y teórico del arte alemán. 1881-1965. Título original "Abs-
traction und Einfühlung" traducido al español como "Abstracción y naturaleza". 1908. Aunque la traducción correcta sería Abstracción y Empatía.
[10] Jeanneret-Ozenfant. L'Esprit Nouveau, n°4. 1921.

En este ambiente cultural y arquitectónico encontramos operaciones de abstracción que en algún caso nos remiten a los orígenes de estos criterios en el siglo XVIII. El historiador Wolf Tegethoff opina sobre el encaje contextual de la figura de Scarpa en su tiempo declarando la dificultad de encasillar al maestro veneciano.[11]

El nuevo estilo Wiener Secession, perseguía una nueva estética inspirada en la abstracción con la incorporación de nuevos materiales de la revolución industrial, como el vidrio y el acero, en combinación con materiales clásicos como la madera. Este diálogo entre materiales que aparecerá permanentemente en la obra de los arquitectos del grupo, como Olbrich y Hoffmann también se producirá en la obra de Scarpa.

Hoffmann abandonó el grupo Sezessionsstil, o el estilo de los secesionistas vieneses y en 1903 fundó la Wiener Werkstätte (WW), que tenía como fin la reformulación de las artes aplicadas de forma análoga al movimiento Arts and Craft de William Morris. Ese mismo año Adolf Loos fundará su revista Das Andere desde la que rechazaba cualquier concesión decorativa.

El ideal de la WW era la obra de arte total (Gesamtkunst- werk) entendida como la integración de todas las artes y la relación entre artesanía e industria o las diferentes escalas del diseño. Cualquier proyecto requeriría así el diseño de hasta el más mínimo detalle sin importar su tamaño. Esta idea del diseño total integraba todas las artes, diseñando por completo todos los elementos del espacio sin importar su magnitud.

En la arquitectura de Scarpa, técnica y artesanía se reinterpretan en clave arquitectónica. Influenciado por su trabajo, durante veinte años, con artesanos y maestros vidrieros de Murano, sus detalles arquitectónicos plasmarán la sensibilidad por la materialidad. De esta manera el artesano es parte fundamental en el proceso creativo y constructivo, aportando la experiencia en el trabajo con los materiales.[12]

---

[11] Wolf Tegethoff. Carlo Scarpa in his time. incluido en; Carlo Scarpa: Struttura e forme". 2007. p. 19.
[12] Peter Noever. Carlo Scarpa: The Craft of Architecture. Hatje Cantz Verlag GmbH & Company. KG. 2003.

Dibujo sobre fotografía del proyecto de concurso para el puente de la Academia, Venecia. 1932. Carlo Scarpa. Fuente: MAXXI Roma.

Los trabajos desarrollados por Scarpa a partir de 1926, contemplan el ejemplo de Joseph Hoffmann en cuanto a la integración en el diseño y la arquitectura, de elementos artesanales de pequeña escala. La relación de influencia entre Hoffmann y Scarpa es más evidente si se atiende a las obras concretas de Hoffmann que contienen una secuencia de depuración formal y tratamiento exquisito de la decoración geométrica.

En su arquitectura desvelamos el estudio profundo de las soluciones hoffmannianas, en cuanto al problema del espacio o al tratamiento de las superficies tal y como nos hace ver Rainald Franz en "La viennesità evidente. Immagini da un'architettura mitteleuropea: Hoffmann e Vienna nell'opera di Scarpa".[13]

---

[13] Rainald Franz. "La viennesità evidente. Immagini da un'architettura mitteleuropea: Hoffmann e Vienna nell'opera di Scarpa Carlo". en Scarpa: Struttura e forme". 2007. P 99.

Otra conferencia de Scarpa en 1948 sobre el estilo *Liberty* demuestra la vinculación de su arquitectura con el estilo depurado por los mecanismos de abstracción que utiliza. Scarpa confiesa que tiene la intención de mantenerse dentro de la tradición, pero sin reproducir capiteles o columnas clásicas. Esta declaración equivale a una intención de reinterpretación de los elementos clásicos que configuran el lenguaje arquitectónico.

También la vanguardia neoplástica será una fuente de inspiración para Scarpa. La vinculación con el neoplasticismo se debe a su conocimiento directo de la vanguardia ya que Scarpa diseñó el montaje para la exposición sobre Paul Klee en la XXIV Bienal de Venecia y posteriormente en 1956 diseñaría la de Piet Mondrian en Roma.

Veamos los elementos propios del lenguaje abstracto, definidos por De Stilj, a los que recurre Scarpa para la solución de su obra. La sintaxis de estos elementos neoplasticistas serán las reglas compositivas de la arquitectura de scarpiana.

Recurriendo a los elementos fundamentales del espacio neoplástico, punto, línea, y plano descubrimos que: El punto aparecerá en forma de pequeñas incrustaciones teseladas en los muros de hormigón o en forma de símbolo focalizado en el espacio.

La línea Scarpiana la descubrimos en multitud de registros. Como una línea de pavimento, o una línea dibujada sobre los muros, insertada o embebida en ellos, o como una línea del vacío, un oscuro o una junta que dibujan el espacio. Hendiduras, encuentros retranqueos, que contribuyen a una lectura fragmentada de las partes que componen la totalidad de la composición. El espacio está dibujado por líneas y literalmente invadido por ellas.

Finalmente, el plano scarpiano responde a lo definido por el neoplasticismo. Los planos se desdoblan, se despliegan y se articulan generando desfases o giros de las mismas piezas fragmentadas, para configurar un elemento.

EL CONTEXTO ARQUITECTÓNICO ITALIANO DE LA SEGUNDA MODERNIDAD

Asociar a Scarpa cualquier tendencia italiana del momento resulta tarea imposible, pero sí podemos intuir cierto paralelismo entre su obra y determinadas consideraciones arquitectónicas de algunos coetáneos italianos.

En el contexto italiano de la segunda mitad del siglo XX, percibimos la heterogeneidad de los registros arquitectónicos. Esta variedad, contribuyó a la aparición de cierto eclecticismo en el criterio creativo de Scarpa.

Algunos de ellos, exploraron la radicalidad de las formas abstractas y su depuración con fines quizás más plásticos que Scarpa, que habitualmente utiliza la abstracción para resolver no solo la forma sino los encuentros y las relaciones compositivas y visuales entre los elementos que componen el espacio.

Formas, encuentros y relaciones, constituyen pues una terna de conceptos que el maestro se empeñó en explorar. La forma podríamos decir que equivale a la masa. El encuentro lo podríamos atribuir al vacío de la junta. Las relaciones dependen de los enlaces compositivos y el diálogo lírico de sus elementos.

Una característica que llama la atención de la obra de Scarpa es la profusión de esos elementos que componen el diseño.

Esa abundancia le hacía asumir el riesgo permanente de parecer recargado. Sin embargo, la depuración le permite enriquecer el contenido de elementos en el ambiente arquitectónico sin saturar los códigos visuales.

Centrándonos de nuevo en el contexto arquitectónico, en la segunda posguerra se produce en Italia el surgimiento de una corriente llamada *Neorealismo Architettonico*, como una reacción a la herencia del Movimiento Moderno arquitectónico.

Cabe aclarar que, en Italia el Movimiento Moderno había estado alterado por el fascismo, ya que como recuerda Leonardo Benevolo, cuando en Italia comienza el Movimiento Moderno, ya se había instaurado el fascismo, por lo que poco a poco deriva hacia cierto monumentalismo neoclásico.

Si bien el neorrealismo se concentraba en Roma, en el norte de Italia se desarrollaría lo que se conocería como estilo *Neoliberty*. Buscaban un

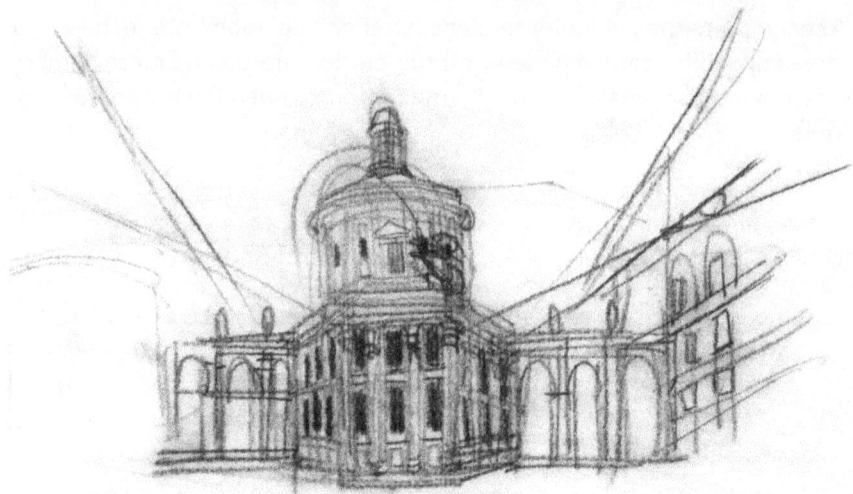

Dibujos realizados en la academia de Bellas Artes de Venecia durante sus estudios.
Entre 1920 y 1926. Carlo Scarpa. Fuente: MAXXI Roma.

nuevo lenguaje alejado de monumentalismos clasicistas auspiciados por autocracias. Un nuevo enfoque que se inspiraba en la visión que el cine hacía de la nueva realidad social y cultural.

Los precursores del Movimiento Moderno en Italia ya han muerto después de la Segunda Guerra Mundial: G. L. Banfi, R. Giolli, G. Pagano, E. Persico, G. Terragni lo que favorece la renovación de teorías y protagonistas.

Manfredo Tafuri revela que, el premio Olivetti de 1956 otorgado a Scarpa y a Ludovico Quaroni, contribuyó a la revelación de una dialéctica arquitectónica que formaría parte de la cultura italiana. Este reconocimiento supuso el final del ostracismo al que se había sometido el trabajo de Scarpa.

En definitiva, después de la Segunda Guerra Mundial se hacía necesario un nuevo enfoque para desprenderse de las dos décadas de arquitectura monumental fascista. Este nuevo movimiento arquitectónico que surge es correlativo al que se da en la cinematografía, de la que adopta su nombre, y que consistía en una descripción de la realidad utilizando la sensibilidad propia de una poesía, de ahí también el calificativo de realismo poético.

Podríamos definir el neorrealismo arquitectónico italiano como la búsqueda de identidad de la arquitectura italiana que se deriva de la tradición moderna, pero evitando las formas e imágenes que pudieran evocar la etapa fascista, por lo que se descarta cualquier referencia clasicista.

También se evita el futurismo y el lenguaje racionalista, más próximo a las vanguardias europeas, en beneficio de la búsqueda de un lenguaje propio. De esta manera se explorarán otras vías que intentarán definir la identidad de la nueva arquitectura italiana, como la utilización de materiales, las estructuras, que asumen el protagonismo, o la tecnología.

Mientras los neorrealistas intentan buscar un lenguaje propio que los identifique y los difrencie de la modernidad contaminada del fascismo, Carlo Scarpa habrá encontrado ya el suyo, que casualmente se separa de la monumentalidad, asociada a lo grandilocuente, investigando soluciones de una escala reducida.

Scarpa por tanto se mantiene independiente con un lenguaje propio, no negacionista hacia lo racional ni hacia la idea de evolución del Movimiento Moderno, pero con una gran licencia interpretativa y libertad creativa.

A través del movimiento Neoliberty, a finales de los años 50, se intensifican las opiniones enfrentadas sobre la continuidad del Movimiento Moderno, que se plasman en las revistas Architectural Review (británica) y Casabella (italiana).

La revista italiana dirigida por Ernesto Nathan Rogers alentó el movimiento Neoliberty publicando varias de sus obras, en los números 217 y 219. En este último Aldo Rossi publicó un artículo titulado "Il passato e il presente de la nuova architettura" en defensa de esta postura.

Como reacción a esta publicación, sumado a la visita al pabellón italiano de la exposición internacional de Bruselas de 1958, Reyner Banham se posicionaría fuertemente en contra de esta separación racionalista y la criticará a través del artículo "Neolibery: La retirada italiana del Movimiento Moderno" publicándolo en la revista Architectural Review.

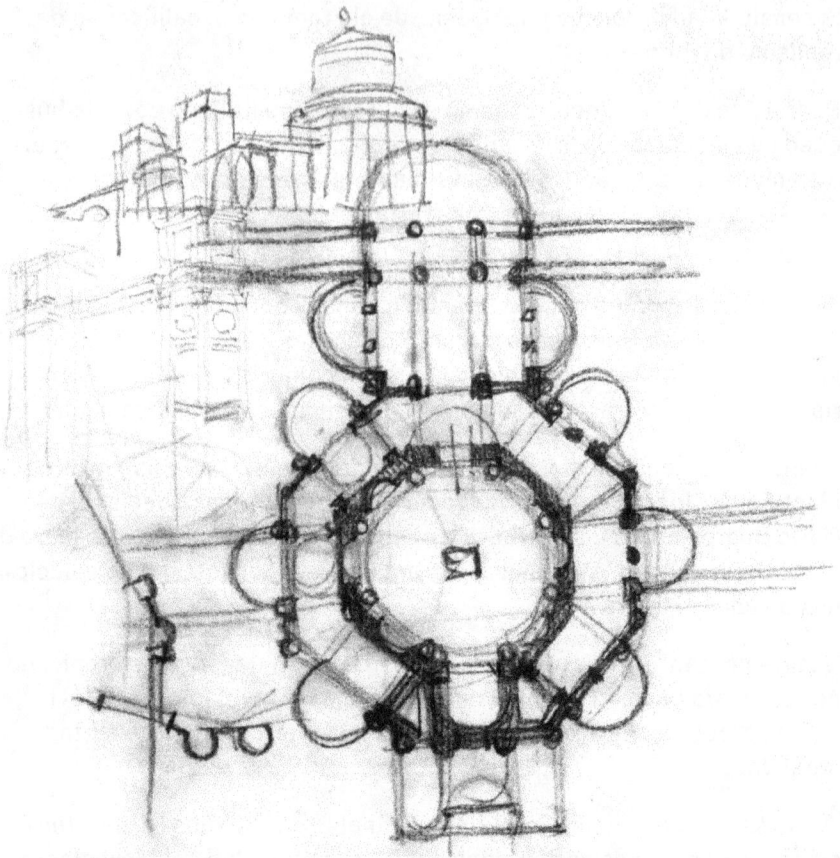

Dibujos realizados en la academia de Bellas Artes de Venecia durante sus estudios. Entre 1920 y 1926. Carlo Scarpa. Fuente: MAXXI Roma.

En los años 60 el contexto arquitectónico italiano se asienta en la idea de la extinción del Movimiento Moderno. Como declara Ernesto Nathan Rogers, presente en el CIAM XI en 1959, la diversidad de las obras presentadas por los italianos constituía la intención de superar el esquematismo abstracto del lenguaje moderno para conferir un nuevo grado de modernidad a la arquitectura.

Rogers afirmará en "Testimonianze sugli architetti del ventennio" en 1962 lo siguiente: "He creído en una nueva arquitectura del Movimiento

Moderno que tiene como fundamento la medida humana". Dicha afirmación nos hace pensar en la relación entre la escala del diseño de Scarpa y la medida humana. La de Scarpa es precisamente una escala de la arquitectura a la medida de la percepción humana.

"...Creo que una persona debe percatarse de algo, comprenderlo, antes de tener el aliciente, dentro de sí, para diseñarlo. Creo que hay mucha gente en nuestra profesión que confía plenamente en el diseño real y muy poco en el modo de pensar lo que una cosa quiere ser, antes de intentar desarrollar el diseño, que es la solución del problema."

Louis Kahn. En la clausura del CIAM XI. 1959.

En los años 70, Grassi, Aymonino, Scolari y Bonfanti, representaron el movimiento llamado *Tendenza*, de estilo neorracionalista con la intención fijada en el racionalismo previo a la Segunda Guerra Mundial. Esta generación de arquitectos estaba focalizada en tres ubicaciones, Roma, Milán y Venecia.

El Movimiento Moderno se somete a una revisión y reinterpretación por estos arquitectos jóvenes desde una postura ideológica definida. Desde el punto de vista teórico, el neorracionalismo de la *Tendenza* se libera de la historia oficial de Giedión, Pevsner o Zevi para proponer una versión no tan compacta sino abierta en un gran abanico de posibilidades interpretativas.

Esta reconsideración de la modernidad los llevó a decantarse por Adolf Loos en contraposición a la *Secession*, Ludwig Hilberseimer frente a la Bauhaus, J.J.P. Oud frente a *De Stijl*, Giuseppe Terragni frente al futurismo y Erik Gunnar Asplund frente al organicismo nórdico. Como criterio dominante, el neorracionalismo no tolerará la arbitrariedad formal.

Scarpa no encaja en ningún grupo o tendencia en el contexto arquitectónico de la Italia de mitad de siglo. No existen paralelismos evidentes entre su obra y la de sus coetáneos debido a la singularidad de sus planteamientos. Sin embargo, es posible descubrir algunos matices que parecen sugerir cierta conexión temporal entre sus ideas y la de algunos de los arquitectos italianos del momento.

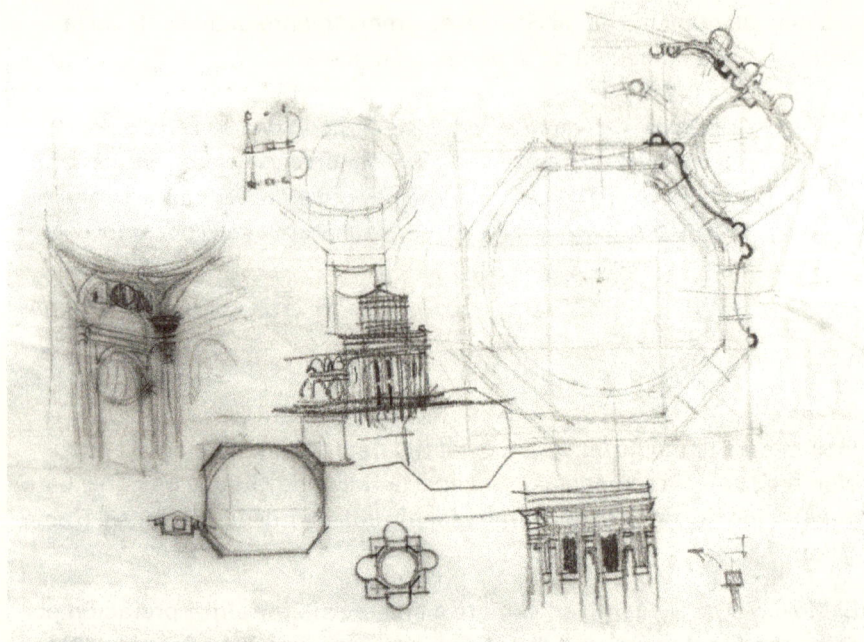

Dibujos realizados en la academia de Bellas Artes de Venecia durante sus estudios. Entre 1920 y 1926. Carlo Scarpa. Fuente: MAXXI Roma.

Podemos situar los años 50 como los de mayor calidad arquitectónica en el diseño del maestro veneciano. De entre sus obras maestras de esta etapa destacan; la nueva entrada a la bienal de Venecia y el jardín de las esculturas del pabellón de Italia de 1952, la intervención museística en el palacio Abatelis de Palermo en 1953, el pabellón de Venezuela para la bienal de 1954, la tienda Olivetti en Venecia iniciada en 1957 y la Gipsoteca Canoviana finalizada ese mismo año, y finalmente en 1958 el inicio de la intervención en Castelvecchio de Verona.

Desde el punto de vista museístico cabe destacar que en este periodo desarrollaría una evolución conceptual a través de una secuencia de intervenciones, en el citado palacio Abatelis, o en la galería de los Ufizzi en Florencia (en colaboración con Gardela y Micheluchi) en 1954. Esta experimentación museográfica se desarrollaría durante estos diez años culminando con la citada intervención en Castelvecchio.

Sin embargo, los años 50 se desarrollarían con polémica, con una demanda por intrusismo en la profesión de arquitecto, al no disponer del título correspondiente. Scarpa había demostrado comprender mejor que nadie el enfoque de la arquitectura delicada y la intervención en edificios patrimoniales. A la vez que se apartaba de mercantilismos, desarrollaba un acercamiento hacia lo artístico y experimental.

Ajeno a las polémicas coetáneas. Scarpa era un verso suelto e independiente, preocupado por la calidad de lo que hacía más que por sentirse integrado en ninguna tendencia del momento. A lo largo de estos años desarrolló su propio discurso arquitectónico. Su interpretación única. Una lección de honestidad hacia la profesión de arquitecto, caracterizada por el esmero hacia los pequeños detalles.

Quizás, a esta paciencia en la búsqueda de soluciones, contribuyeran los veinte años de introspección y búsqueda de las cualidades estéticas del vidrio. Enseñanzas que después transgredieron a la arquitectura. Su conocimiento fue el resultado múltiples fuentes de influencia y de un espíritu intelectual, intranquilo e incansable.

A la vez en Scarpa aparece el concepto de espacio-tiempo explorado ya por las vanguardias. Entrar en su arquitectura es viajar a otra velocidad como si el tiempo se detuviera o el maestro nos hubiera obligado, sin percatarnos, a seguir el ritmo que él marca en el diseño de cada detalle.

Rafael Moneo describió la obra de Carlo Scarpa, en su artículo "La representación y la mirada", de forma alegórica, al compararla con una pintura. Moneo describe cómo la mirada se detiene en a cada instante, cautivada por un detalle, o atraída por algún elemento específico, sin considerar la totalidad del conjunto como ocurre en algunas obras pictóricas.[14]

En algún momento el observador se sumerge en la genialidad del detalle, entrando en otro mundo, a pequeña escala, que lo cautiva por lo sublime

[14] Rafael Moneo. La rappresentazione e lo sguardo. Co, F.D., Mazzariol, G., 1985. Carlo Scarpa: The Complete Works. Electa. p 236.

de la solución. El tiempo es parte activa de ella. La percepción se estimula al máximo.

A la vez, el diseño bien hecho nos transmite una sensación de tranquilidad y sosiego. En cada instante, sugiere Moneo, el maestro Scarpa nos estimula con algo diferente como si la percepción de la totalidad del ambiente creado fuera imprecisa y esquiva en cuanto a su definición.

El verdadero valor de su obra no está en la habilidad del artesano sino en la sabiduría de quien lo diseña. Todo ello contribuye, según Moneo, a que apreciemos la precisión de su diseño. La calidad va más allá que la habilidad. Moneo, atribuye a la sensibilidad de Scarpa la detección del momento en el que el diseño del proyecto empieza a verse saturado, por la inclusión de elementos.

Scarpa defendía en sus intervenciones en las colecciones museográficas la máxima *"aggiunse arte ad arte"*, es decir añadir arte al arte. Esta forma de abordar las obras sugiere un alineamiento con la faceta artística del arquitecto.

La arquitectura es un idioma muy difícil de entender; es misterioso a diferencia de otras artes, la música en particular, más directamente comprensible... El valor de una obra es su expresión, cuando algo está bien expresado, su valor se vuelve muy alto."

Carlo Scarpa. 1976[15]

[15] Extraído de la conferencia de Carlo Scarpa en Viena en 1976.

EL CRITERIO ARQUITECTÓNICO DE CARLO SCARPA

"...Si suprimiéramos... el carácter subjetivo de los sentidos en general, todo el carácter de los objetos, todas sus relaciones espaciales y temporales... Desaparecerían."

Immanuel Kant. 1781[16]

Carlo Scarpa pertenece a este grupo de arquitectos que siempre sorprenden al que vive sus espacios, por su perfección, originalidad y pertinencia. Su obra fue definida por Giuseppe Zambonini como un sistema de relaciones que contribuye a la construcción de significados a través de la interacción de sus elementos.[17]

Ese diálogo entre elementos en su arquitectura equivale a la sincronización de escalas, proporciones, iluminación y materialidad. Debemos citar especialmente el diálogo que se produce en sus espacios expositivos. En ellos las obras expuestas se integran en el espacio gracias precisamente al establecimiento de estas relaciones.

Sin embargo, frente al riesgo de saturar la escena, esa intensidad de relaciones considera al mismo tiempo un equilibrio estético. La intención es no decir más de lo estrictamente necesario. En ocasiones este criterio conlleva a la casi total desnudez del diseño.

Esta idea, que se popularizó al final del siglo XX con tendencias de eliminación, tiene su origen al principio de este con la comprensión de los elementos que configuran el diseño y los experimentos en disgregarlos. La arquitectura fue decantándose por lo elemental, lo esencial y lo rotundo, desplazando al engalanamiento clásico.

[16] Immanuel Kant. Kritik der Reinen Vernunft. 1781. Traducción en español, Crítica de la razón pura. Alfaguara. Madrid, 1978.
[17] Guiseppe Zambonini. Process and theme in the work of Carlo Scarpa. Conferencia presentada en la Ball State University's College of Architecture and Planning. 14/04/1986.

Detalle de la fundación Querini Stampalia.
1961-63. Carlo Scarpa. Dibujo Andrés Ros.

ARQUITECTURA DE LOS SENTIDOS

Si consideramos asumida la interconexión entre el arte y la arquitectura de las vanguardias podemos afirmar que la cuestión empática entre obra y observador estuvo presente desde el principio en la arquitectura, algo que demostraron los grandes maestros a través de sus conmovedores paradigmas arquitectónicos. Scarpa no será ajeno a esta cuestión y su arquitectura nos aportará ese estímulo sensitivo característico de los maestros.

En esta arquitectura de los sentidos, la lectura del lugar se combina con la inclusión del simbolismo geométrico que dota de significado la atmósfera arquitectónica que crea. La combinación entre abstracción y simbolismo da como resultado uno de los ejemplos arquitectónicos más interesantes del siglo XX.

Es precisamente el parámetro emocional de la arquitectura, el que aporta una diferenciación entre las obras maestras y el resto. Giedion en "Espacio tiempo y arquitectura" ya observó que la nueva concepción espacial atendía no sólo a parámetros sociales, económicos o funcionales sino a cuestiones emocionales. Y atribuía a la falta de emotividad los problemas derivados de la industria que había abandonado al arte por considerarlo trivial e innecesario. En sus textos escribía:

"Buena parte de las desgracias del siglo XIX fueron fruto de su creencia de que la industria y las técnicas tenían tan sólo una importancia funcional, sin contenido emocional alguno..."

Giedion, Sigfried. 1941.[18]

Aunque es preciso aclarar que la capacidad emotiva de la arquitectura no es exclusividad de la materialidad, sino que el diseño del espacio y de los elementos que lo integran interviene en la generación de una atmósfera conmovedora.

El vidrio había adquirido un protagonismo esencial en la arquitectura desde la segunda mitad del siglo XIX, y explotó sus cualidades para trabajar la desmaterialización del límite del espacio arquitectónico. Contribuyó a la conexión visual y por tanto sensorial del espacio interior con su entorno.

Paradójico es que Scarpa trabajara, durante veinte años el vidrio a una escala de objeto, descubriendo en él cualidades de color, brillo y traslucidez que enriquecieron su consideración hacia el material y su puesta en escena.

En Scarpa, la emoción la encontramos en el diseño del más mínimo detalle. Viste su arquitectura de un elegante lenguaje que enriquece el espacio y la lectura de los elementos que en él subyacen. Su arquitectura encierra una emotividad que trasciende los cánones estéticos.

Ante la premisa de que lo bello nos seduce, Scarpa se decanta por la idea de que lo sublime nos conmueve y emociona. De esta forma, esta

[18] Sigfried Giedion. Espacio, tiempo y arquitectura. Reverte. 1941. P. 428.

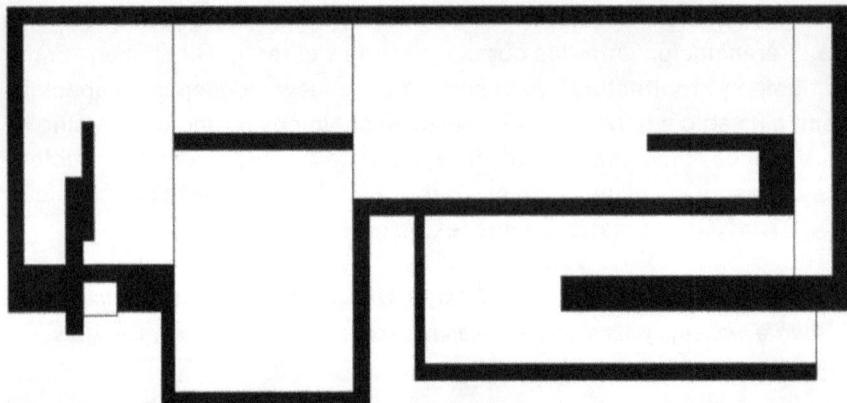

Esquema de detalle de la fuente de mármol en el jardín de la Fundación Querini Stampalia. Carlo Scarpa. Venecia. 1961-63. Dibujo Andrés Ros.

emotividad se alcanza mediante la riqueza sensorial de una arquitectura intelectual, compleja y profunda.

La observación de su arquitectura conduce necesariamente a la imaginación del proceso creativo. El observador no puede dejar de pensar en cada una de las soluciones y del porqué de su necesidad. Esta reflexión nos invita a reconocer en su arquitectura el axioma de Rudolph Arnheim y los psicólogos gestálticos que se adapta perfectamente a la arquitectura de Carlo Scarpa; *Ver es pensar*. Es por tanto su arquitectura una invitación para el intelecto, para la reflexión y el pensamiento.[19]

La vinculación con los sentidos y la potenciación de la percepción, es decir la idea de empatía, nos recuerda al resultado plástico del expresionismo alemán. Este movimiento artístico y cultural, surgido a principios el siglo XX en Alemania, defendía la expresión interior del artista a través de la obra de arte, en oposición a la impresión de lo figurativo y natural. Esta conexión con el observador sugiere una verdadera arquitectura de los sentidos.

[19] Rudolf Arnheim. Visual Thinking. University of California Press. 2004. p14.

ARQUITECTURA Y ABSTRACCIÓN

En lo relativo a la abstracción Scarpa relaciona lo japonés con la tectónica neoplasticista y la tradición estereotómica. Por tanto, existe una relación directa entre los elementos utilizados por Scarpa y los elementos
esenciales del lenguaje arquitectónico abstracto, postulado en su origen
por el neoplasticismo y desarrollado a lo largo del siglo XX.

Este proceso llevará a los artistas a experimentar con la esencia de lo
representado, sea color, forma, movimiento etc. En este contexto el arte
abstracto de principios de siglo resalta el cromatismo y los aspectos
estructurales y formales de la realidad representada. El dadaísmo da
uno de los primeros pasos de este camino, forzando la ruptura con las
convenciones artísticas antiguas y la oposición al concepto de la razón
formulado por el positivismo.

La posición de los artistas de las vanguardias fue contraria a lo que
durante muchos siglos había supuesto una representación realista de
escenas que en muchos casos eran idealizadas para mejorar la realidad. Las vanguardias optan por una abstracción pura sin la intención
de reproducción de la realidad ni la de mejorarla idealizándola. Se re-
chaza la representación naturalista y objetiva para explorar una representación más subjetiva que descompone y desfigura la realidad para
experimentar con la forma.

En este contexto surgen las vanguardias integradoras como el neoplasticismo, el constructivismo, el purismo, o entidades docentes como la propia Bauhaus, que pretenden la unificación de procesos y el traspaso del
flujo del conocimiento y la experimentación de unas disciplinas a otras.
Si la abstracción es un polo de la sensibilidad, como sostenía Wilhem
Worringer, debió estar presente en el arte de todas las épocas y culturas.
Al afirmar esta posibilidad no se pretende negar la importancia de la
moderna abstracción sino, por el contrario, concederle todo su valor.

Walter Gropius lideró el control del intercambio teórico y práctico entre
las artes el diseño y la arquitectura. A través de la Bauhaus posibilitó
este caldo de cultivo de la abstracción arquitectónica, como se manifes-
taría en el propio edificio de la Escuela de Dessau. La geometría se puso

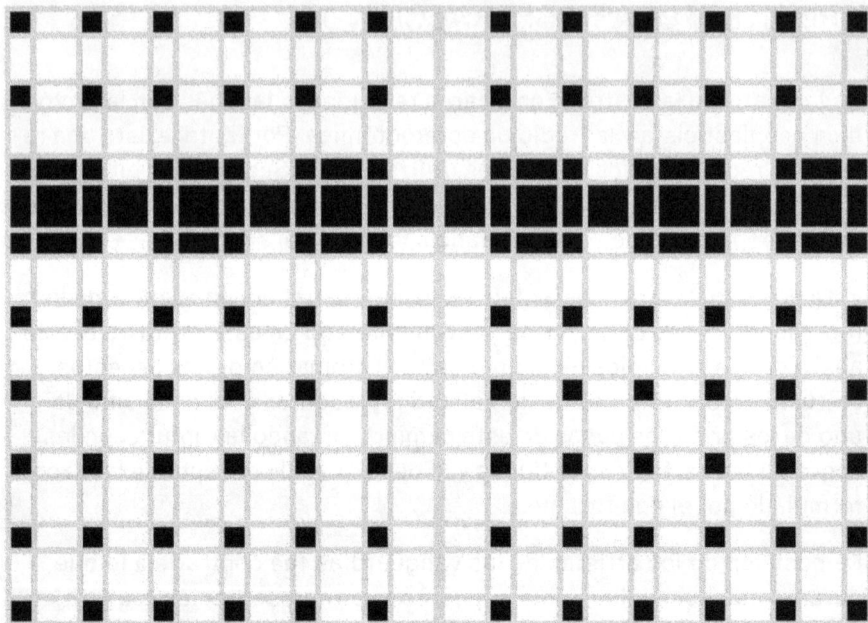

Esquema de la puerta de madera y acero del Palazzo Chiaramonte. Steri. Palermo. 1973-1978.
Carlo Scarpa. Dibujo Andrés Ros.

al servicio del arte y este al servicio de la abstracción, y estos experimentos artísticos se trasladarían a la arquitectura posteriormente.

La abstracción permite encontrar la belleza en la sutileza de las formas, en la claridad de lectura de las superficies y en la coherencia de un desarrollo conceptual sustentado en la economía de recursos compositivos.

"Minimal no es; menos, es más. Abreviatura no es abstracción..."

Joaquín Arnau Amo.[20]

---

[20] Joaquín Arnau Amo. Arquitectura "Ritos y Ritmos". 2014. p.37.

Esta abstracción le otorga también una capacidad aséptica en algunas de las soluciones contempladas por Scarpa, donde no es necesario decir nada. Para ellos es necesaria la extrema sensibilidad visual del arquitecto en la intervención espacial mediante el control de la relación entre el observador y el espacio.

"La nueva belleza es, en primer término, lo interesante. Lo interesante se convierte en la categoría predilecta del esteticismo."

Hans Sedlmayr. 1955.[21]

ARQUITECTURA Y FRAGMENTACIÓN

La percepción del trabajo de Scarpa como una composición de fragmentos, surge tal y como relata Tafuri, en la sistemática utilización de símbolos y sugerencias formales. La singularidad de cada elemento que encontramos en el espacio forma parte de un todo indivisible. Este juego de piezas y elementos constituye un ejercicio de fragmentación. La describe de la siguiente forma:

"...Juego de sabiduría formal en fragmentos, por lo tanto, organización abierta de frases interrumpidas. El lenguaje scarpiano parece basado en una poética que, forzando la interpretación, alguien podría leer en clave melancólica como alegoría barroca..."

Manfredo Tafuri.[22]

Tratando el tema de la fragmentación cabe recordar el artículo de Georges Teyssot, publicado en Lotus International en el número dedicado precisamente la arquitectura funeraria. Este artículo es interesante por dos aspectos, por un lado, la referencia a la fragmentación y por otro la

[21] Hans Sedlmayr. La revolución del arte moderno. Acantilado, 2008.
[22] Manfredo Tafuri. Il frammento, la figura, il gioco. contenido en Co, F.D. Mazzariol, G., 1985. Carlo Scarpa: The Complete Works. Electa. P.77.

descripción que se hace en él de la arquitectura funeraria, por ser uno de los temas más tratados por Carlo Scarpa.

Precisamente, la última de sus obras, la tumba Brion, recoge su herencia arquitectónica y la síntesis de su legado. En su discurso Teyssot, destaca que probablemente los trabajos de arquitectura más próximos a lo poético en la actualidad de los años 80 seguían siendo aquellos de Carlo Scarpa, como los pabellones, o la tumba en el cementerio de San Vito di Altivole.

Teyssot también nos recuerda un texto de Maurice Blanchot "*architettura polverizzata, frammenti di un discorso funebre*", en el que este aclara que la existencia de elementos fragmentados no es posible sin el reconocimiento de la existencia de la totalidad.

"Quien habla de fragmento no debe únicamente referirse a la fragmentación de una realidad preexistente, o que está por venir. Lo que hace difícil concebirlo es la exigencia de la comprensión, en virtud de la cual no es posible el conocimiento sino de la totalidad, como la vista es siempre de un conjunto general. De acuerdo con este entendimiento, cuando existe un fragmento debería haber una designación implícita de una totalidad previa o posterior".

Maurice Blanchot.[23]

Tal y como escribe Moneo, el siglo acabará con una profusión de la fragmentación en la arquitectura, lo que también veremos reflejo constantemente en el trabajo de Scarpa.

"...Con lentitud, pero también con constancia, esta fragmentación parece haberse disuelto en una atmósfera más general que reclama un mundo sin forma, caracterizado por la fluidez, por la ausencia de bordes, por el constante cambio, donde la acción es más importante que cualquier otra cualidad..."

Rafael Moneo.[24]

---

[23] Georges Teyssot. Frammenti per un discorso funebre. L'architettura come lavoro di lutto. Lottus Internacional n° 38. 1983. p13
[24] Rafael Moneo. Arquitectura Viva n° 66. Paradigmas. Los noventa, entre la fragmentación y la compacidad. V-VI 1999.

La fragmentación de elementos es utilizada por el maestro italiano como reflejo de ese mecanismo de descomposición. Moneo nos aclara que Scarpa parece adelantarse a futuras tendencias al proponer y visionar una arquitectura fragmentada.

En este sentido, el concepto de espacio-tiempo aparece en 1924 en el punto diez del manifiesto neoplasticista de Theo van Doesburg. La reflexión neoplasticista es una comprensión de la arquitectura como un conjunto de elementos abstractos cuya combinación genera una relación muy potente entre el espacio y el tiempo en él percibido. Una multitud de variantes que surgen de la combinación de infinitos puntos de vista en infinitas secuencias temporales.

En este sentido el movimiento surrealista, aportará también una evasión de la realidad a través de la fotografía y del cine. El objetivo de los surrealistas es transgredir y deformar la realidad, presentándonos una idealización. Para ello el artista surrealista descompone los elementos de la realidad para posteriormente trabajar con ellos. Debe ser capaz de conocer los mecanismos internos de la misma, y esto exige un proceso de abstracción intelectual.

La fotografía se convierte así en un medio de expresión abstracto capaz de deformar la realidad y focalizar la atención en la esencia de lo representado. Esto se consigue sobre todo con la elección de puntos de vista inauditos hasta el momento, seleccionados en un alarde experimental sin precedentes, y con la consciencia de utilizar la fotografía como medio artístico.

Un ejemplo de ello es Alexander Rodchenko, perteneciente al movimiento constructivista ruso. A través de su obra, nos aporta un punto de vista fotográfico diferente y abstracto, sugiriendo una nueva estrategia para abordar la obra de arte. Rodchenko es sinónimo de encuadre innovador y artístico.

Otro exponente del nuevo arte fotográfico será László Moholy-Nagy que, desde su posición de profesor de la Bauhaus, experimentó con la fotografía presentándonos encuadres sorprendentes a la vez que abstractos que nos hacen reconocer los elementos imprescindibles de la composición. Los elementos presentes en las imágenes citadas ofrecen una lectura estructuralista que sugieren lo que ocurrirá coetáneamente en la arquitectura.

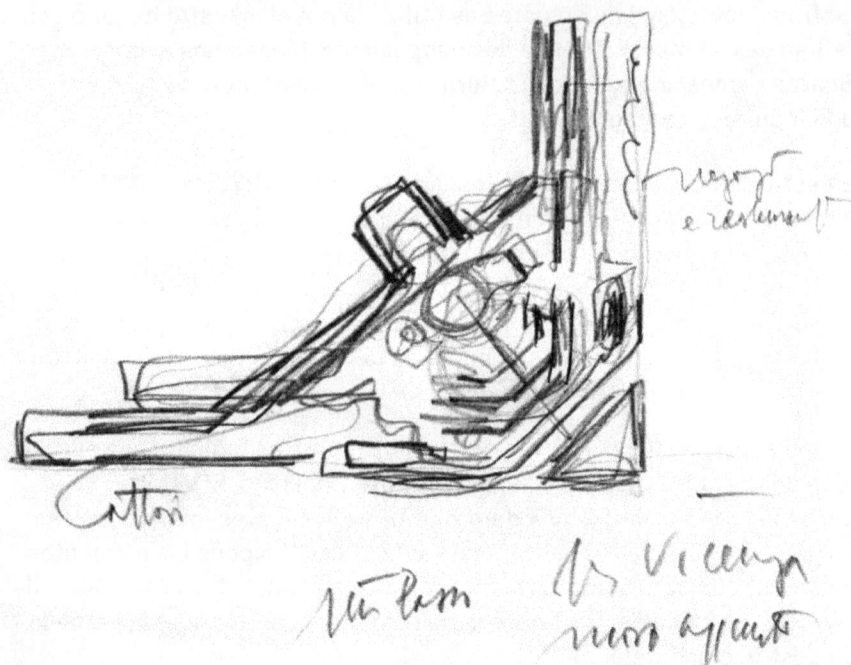

Boceto del proyecto de concurso Teatro Municipal de Vicenza. 1968-1970. Carlo Scarpa.
Fuente: MAXXI Roma.

En otro registro, el cine también se adentra en la corriente experimenta-
lista y aborda el tema de la abstracción en varias obras de los años veinte. En estos años destacan Hans Richter y Viking Eggeling. En sus cortas
películas, se presentan figuras geométricas elementales que sugieren
un proceso de abstracción en su realización.

En la Película "Rithmus 21" de Hans Richter, se nos presentan figuras
geométricas simples, cuadrados y rectángulos que se acercan y se
alejan constantemente del observador. Aparecen y desaparecen en un
juego compositivo de velocidad y perspectiva. Ya no son tan importantes
las figuras, sino la relación entre ellas. De este modo se consigue profundidad y movimiento con elementos simples.

Theo van Doesburg marcaba el camino.

"La nueva arquitectura es informe, aunque exactamente definida, es decir que no está sometida a ningún tipo de forma estética establecido."

Theo van Doesburg. 1924.[25]

Y Hugo Häring lo seguía.

"...La forma eficaz, dictada por la adecuación al propósito hace que cada cosa adquiera y conserve su propia configuración esencial".

Hugo Häring. 1932.[26]

[25] Theo Van Doesburg. "Hacia una arquitectura plástica". París 1924. Publicado en De Stijl nº 6 y 7. Recogido posteriormente en "Manifiestos de la arquitectura del s. XX" de U. Conrads. Ed Lumen. Barcelona 1973.
[26] Hugo Häring. "La casa como estructura orgánica". 1932. Artículo recogido en "Programas y manifiestos de la arquitectura del siglo XX." De Ulrich Conrads. Berlín 1964. Ed. española: Lumen. 1973.

DICOTOMÍAS Y METÁFORAS EN LA ARQUITECTURA DE CARLO SCARPA

"Si la arquitectura es buena, quien la escucha y la mira, siente sus beneficios sin darse cuenta"

Carlo Scarpa.[27]

Scarpa propone en su arquitectura un constante contraste bipolar a través de conceptos que lo aproximan a planteamientos surrealistas. Utiliza el recurso de la contraposición de una idea a través de dualismos como; lleno-vacío, liso-rugoso, formal-informe, líquido-sólido. En definitiva, un contraste que habla de afirmación y negación al mismo tiempo.

En este planteamiento de duplicidades, también la combinación entre lo ligero y lo pesado es una constante, En sus diseños descubrimos la dualidad entre lo tectónico y lo estereotómico. Dualismos como el contraste entre vida y muerte en la tumba Brion, cobran una importancia especial desde el punto de vista simbólico y metafórico. Un juego permanente entre el significado y su antítesis donde lo másico se asocia a la muerte y lo ligero a la vida.

En pleno siglo XVIII, la teoría arquitectónica de la Ilustración, refrendada por el abad Marc-Antoine Laugier, situaba en lo tectónico la concepción racional de la cabaña primitiva. Así el paso del hombre de la caverna a la cabaña requirió de la comprensión racional de la construcción. Y es así como nace la arquitectura para Laugier, con la aparición de lo tectónico.[28]

La caverna primitiva queda asociada a lo estereotómico, a lo pétreo o excavado, a lo másico y pesado, a lo conectado con el terreno y que equivale a una extensión de este, habilitada para una necesidad humana. Mientras que lo tectónico se asocia a la arquitectura del montaje y del despiece, constituyendo la verdadera construcción, que no nace del terreno, sino que se deposita en él.

---

[27] Extraído de la conferencia de Scarpa en Madrid en 1978. Rodeghiero, Benedetta. Arquitectura y hermenéutica. Univ. Politècnica de Catalunya, 2004. pág. 79.
[28] Marc-Antoine Laugier. Essai sur l'Architecture, París, 1755.

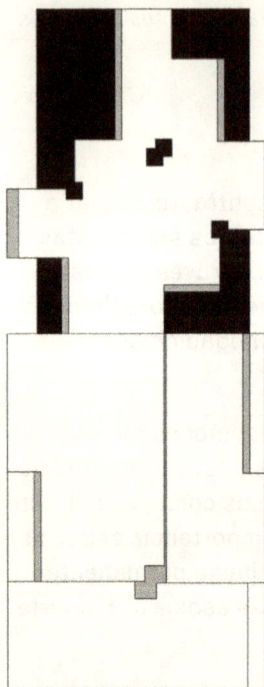

Detalle del despiece del paramento de la fundación
Querini Stampalia. 1961-63. Carlo Scarpa. Venecia. 1961-63.
Dibujo Andrés Ros.

Esta doble lectura, que se combinará de manera recurrente en la obra de
Scarpa, la encontramos también en la Tumba Brion, donde apreciamos
la utilización de estos conceptos para, de forma conceptual y abstracta,
significar lo vinculado a lo terrenal o lo vinculado a lo espiritual. Lo primero se resolverá de forma pesada mientras que lo segundo recurrirá a la
ligereza.

Lo estereotómico sugiere detalles de encuentro entre piezas pesadas
atestadas. El propio peso hace por tanto comprimir la junta con un rango
de tolerancia que impide la elección de la dimensión de la misma. Por el
contrario, lo tectónico sugiere las uniones y anclajes de elementos más
livianos, provocando el solape o la separación entre ellos con posibilidad
de controlar la dimensión de la unión.

En el lenguaje abstracto utilizado por Scarpa lo tectónico se traduce en el trabajo con la línea esbelta y delgada que irá apareciendo a lo largo del espacio. Nos encontramos con un trabajo de engarce en el que se recrea en esas uniones y relaciones entre elementos. Encontramos también en su arquitectura ese carácter tectónico en los revestimientos y en el trabajo con elementos que se van asociando, uniendo y ensamblando con la mayor sutileza.

Encontrarse y unirse se manifiestan como dos acciones diferentes de asociación a través de la junta y del solape. La junta será adoptada por lo tectónico en la configuración del detalle. Lo tectónico hace referencia pues a la composición con elementos de barras ensambladas. Por contra lo estereotómico hace referencia a lo macizo y sólido, a lo acumulativo y pesado.

Constituye un trabajo artesanal de engarce de elementos, casi de orfebrería por la delicadeza con la que se resuelven y montan los detalles. La agudeza del arquitecto, plasmada en el proyecto tiene su continuidad en la destreza y maestría del artesano que la ejecuta.

TECTÓNICO-ESTEREOTÓMICO

Como se ha mencionado, la arquitectura estereotómica se basa en la estabilidad de unas masas apoyadas sobre otras, y en la transmisión de la sensación de gravidez y masa. Por el contrario, la arquitectura tectónica se fundamenta en la esbeltez y en la comprensión de la transmisión de los esfuerzos a los que se solicita la estructura. La sensación que produce es de ligereza.

Tratando este tema, Eugène Viollet-le-Duc representará el paradigma teórico de la estereotomía mientras que Gottfried Semper lo será de lo tectónico con su principio del revestimiento. Esta dupla de conceptos, constituyen la base sobre la que se desarrollará toda la arquitectura a partir del siglo XIX.

Alberto Campo Baeza alude a los mecanismos que partiendo de lo abstracto concurren en lo concreto. Estos medios prácticos que se emplean en el arte de la arquitectura incluyen lo que él llama el mecanismo de

Boceto del proyecto para la Colonia Montana de Ing. C. Olivetti & C. S.p.A., Brusson.
Carlo Scarpa. Fuente: Archivo Carlo Scarpa. Treviso.

entendimiento de la relación con la gravedad, que es precisamente lo estereotómico y lo tectónico.[29]

La comprensión estructural permitió despojar la arquitectura de su pesada envolvente clásica, y con el tiempo constituiría la base para la comprensión de la descomposición, ya experimentada en el arte por las primeras vanguardias. En definitiva, la masa se descompondrá racionalmente por la comprensión de sus líneas de fuerza. La ligereza y la diafanidad, que fueron desde el principio una aspiración de la arquitectura moderna, se revelan como logros arquitectónicos del siglo XX.

Marco Pogacnik en su artículo "*Carlo Scarpa. Tettonica illustrata da forme*" hace referencia a la capacidad tectónica del maestro para descomponer la obra en los elementos fundamentales.[30]

[29] Alberto Campo Baeza. "Aprendiendo a pensar". 2008. "Tectónico/Estereotómico" p.9.
[30] Marco Pogacnik. "Carlo Scarpa. Tettonica illustrata da forme". Incluido en: "Carlo Scarpa: Struttura e forme" por Wolf Tegethoff y Vitale Zanchettin. 2007. p.35.

Lo tectónico equivale a una depuración del concepto estructural y a una sincronización entre construcción y estructura que se racionaliza debido a la comprensión entre la relación entre cargas, solicitaciones y estructura.

Otro ejemplo de estereotomía lo constituirán los monumentos funerarios diseñados por Scarpa, concebidos como esculturas monolíticas asociadas a la idea de lápida. Como ejemplo de ello podemos fijarnos en el contraste entre el pabellón de la meditación de la Tumba Brion, ligero y que parece flotar sobre el agua del estanque, frente a la pesantez del arcosolio que aloja las tumbas y que se vincula a lo terrenal.

LÍMITE Y CONTINUIDAD

La intervención en arquitecturas preexistentes obligó a Scarpa a la fusión entre lo nuevo y lo viejo, lo que conlleva a la cuestión de dónde empieza un espacio y acaba otro. Bajo esta premisa de dobles significados, lo preexistente y lo añadido se encuentran y se combinan sugiriendo la interpretación a través del diálogo arquitectónico.

La aspiración moderna de la disolución del límite había procurado la ausencia de barreras visuales y físicas. Para ello, desde Frank Lloyd Wright a los posteriores maestros de la primera modernidad, habían hecho extensible la idea a los elementos que conforman el espacio, como; planos verticales que se disolvían, planos horizontales que se prolongaban, pavimentos, conexiones visuales, o simplemente la resonancia y diálogo que el propio lenguaje arquitectónico posibilita para entre los espacios. El límite aparece de esta manera difuminado sugiriendo un cambio, una transición y no un impedimento.

Scarpa utiliza la línea como refuerzo de la idea de límite virtual, adoptando múltiples soluciones. Surgen dibujos del pavimento marcando líneas de límite o ritmos en los recorridos, líneas oscuras trazadas sobre en el espacio, mediante el cambio de material o las líneas de sombra de hendiduras y retranqueos.

En otras ocasiones se recurre al plano como elemento permeable, perforándolo, cortándolo y desplazando sus partes, como en la tumba Brion

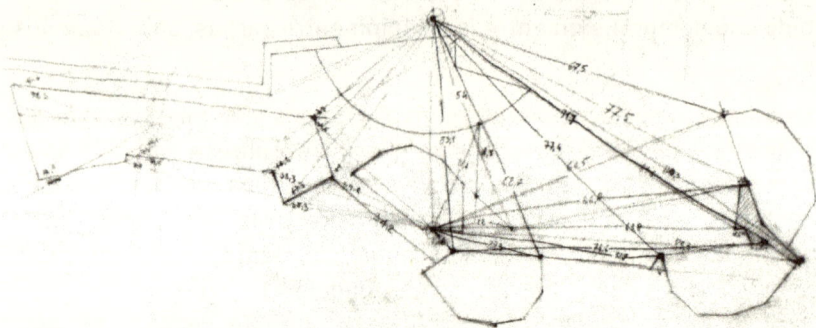

Boceto del proyecto para la Colonia Montana de Ing. C. Olivetti & C. S.p.A., Brusson. Carlo Scarpa. Fuente: Archivo Carlo Scarpa. Treviso.

en San Vito di Altivole o en la Fundación Querini en Venecia, donde aparecen rasgaduras que permiten que lo atraviese la mirada, pero no el usuario.

En otras ocasiones, otros recursos manifiestan esos límites. Los cambios de materiales, como el agua que impide el paso en muchos de sus proyectos. La intrigante doble altura de la parte posterior de la sala de exposiciones Olivetti funde el espacio inferior con el superior. La rotura de los límites de los planos de la cubierta de Castelvecchio que descuelgan como cortinajes en alusión a Gottfried Semper y su teoría del revestimiento. Las aberturas de las puertas mimetizadas en el plano de la pared en la Fundación Querini. O la sugerencia de desmaterialización de la esquina, en el cementerio de San Vito di Altivole, en clara alusión a la ruptura de la caja Wrightiana.

DINAMISMO TEMPORAL Y CROMATISMO ESTÁTICO

El tiempo: La nueva arquitectura no cuenta sólo con el espacio como valor de arquitectura, sino también con el tiempo. La unidad de tiempo y espacio da a la imagen arquitectónica un aspecto nuevo y plásticamente más completo. Lo que llamamos "espacio animado".

Theo van Doesburg. 1925.[31]

La veneración por la luz que profesa Scarpa, propia de la modernidad, posibilita la continuidad visual, las transparencias, la translucidez o las veladuras. Sensaciones ya experimentadas por el maestro durante sus investigaciones sobre el vidrio. La luz y su ausencia le permiten el contraste de las formas y los volúmenes.

Este juego entre lo iluminado y lo oscuro, crea espacios de cierto misterio y espiritualidad gracias a la percepción de la variación gradual de la iluminación, que aporta un ambiente característico. A los juegos con la luz contribuyen no solo las soluciones de mecanismos de iluminación sino los materiales de trabajo, como el agua o las teselas de vidrio incrustadas en los paramentos. De este modo, gracias a los reflejos y brillos cambiantes a lo largo del tiempo, se consigue intervenir en la sensación temporal del espacio que experimenta el observador.

"El agua es música, el agua es descanso, el agua es disfrute. Pero el agua también es luz..."

Luís Barragán.[32]

Por esto hay que entender la presencia del agua en la obra de Carlo Scarpa no solo como un elemento evocador de un arraigo vernacular sino como un elemento de luz. El agua es luz como representación abstracta del paso del tiempo. Trabajando sobre esta idea, el fotógrafo Guido Guidi, ha desarrollado durante diez años una lectura fotográfica de

---

[31] Aspecto plástico. Cuarta dimensión del espacio–tiempo. Esta referencia al tiempo la encontramos en los 17 puntos de la arquitectura neoplasticista publicados por Theo van Doesburg en 1925.
[32] Barragán Luís. "Escritos y conversaciones".El Croquis Editorial. 2000. P. 133.

laTomba Brion a través de la cual se puede comprender esta idea. Cada imagen representa precisamente la singularidad del tiempo a través de su luz.

"En el pasado he sugerido que la arquitectura de Scarpa no sea únicamente para ser observada, sino, sobre todo, una máquina para mirar, a través de la cual ver mejor."

Guido Guidi.[33]

El concepto de espacio-tiempo aparece en 1924 en el punto diez del manifiesto neoplasticista de Theo van Doesburg. La reflexión neoplásticista es una comprensión de la arquitectura como un conjunto de elementos abstractos cuya combinación genera una relación muy potente entre el espacio y el tiempo en él percibido. Una multitud de variantes que surgen de la combinación de infinitos puntos de vista en infinitas secuencias temporales.

Por tanto, existe una relación directa entre los elementos utilizados por Scarpa y los elementos esenciales del lenguaje arquitectónico abstracto, postulado en su origen por el neoplasticismo y desarrollado a lo largo del siglo XX.[34]

Como idea abstracta, el tiempo en arquitectura se ha manifestado en dos niveles. Por un lado, como recorrido arquitectónico, (la promenade architecturale de Le Corbusier) supone una actividad cotidiana en el espacio arquitectónico que aporta un ritmo, y por lo tanto un tiempo, a escala humana. De este modo en las arquitecturas ritmadas se encuentra presente el tiempo, ya que el ritmo es tiempo acompasado, compuesto.

En segundo lugar, el tiempo permanente y cambiante a través de mecanismos abstractos de la arquitectura como el del envejecimiento de la materialidad, el proceso de cambio del entorno, o la utilización del movimiento del agua como evidencia de un intervalo temporal.

---

[33] Guido Guidi y Antonello Frongia. Carlo Scarpa, Tomba Brion. Hatje Cantz, 2011.
[34] Theo Van Doesburg. De Stijl, XII, 6 / 7, Rotterdam 1924.

Albertini y Bagnoli explican bien la importancia del color, no solo en la obra de Scarpa sino en su propia metodología de proyecto. En sus dibujos originales se visualiza esta manera de trabajar mediante el uso del color a la que se alude.

"Cuando se le enseñaba un dibujo pasado a escala, él mismo lo coloreaba para distinguir mejor, para separar secuencias y planos. Pero el color era usado también en un sentido pictórico, para dar realismo al objeto, aunque siempre desde un punto de vista abstracto, para subrayar, precisamente, la abstracción del signo; casi siempre los mismos tonos, amarillo, rosa y verde, para significar espesores de muros..."[35]

Desde sus primeros dibujos la diferenciación cromática entre los elementos que conforman el diseño está presente. Los elementos constituyentes de la composición adquieren su autonomía gracias al color, permitiendo así su reconocimiento y una lectura independiente.

Esta lectura holística puede verse afectada por el uso del color, ya que, al tratarse como una herramienta de reconocimiento individual, se corre el riesgo de desviar la atención de la integridad del conjunto.

El dominio del contraste cromático le permite destacar la simbología. También desde el punto de vista museográfico, el color empleado como fondo, constituirá un elemento primordial para completar la práctica museográfica de Scarpa. En especial, la escultura dispone de un fondo cromático sobre el que recorta.

La luz y los detalles constituirán las herramientas con la que trabajar el mecanismo perceptivo. Algunos detalles se conciben como pequeños elementos puntuales con función compositiva, estructural o constructiva, atrayendo la atención reflexiva, del visitante entendido, o curiosa del profano. El detalle constituye en el lenguaje scarpiano, lo equivalente al punto en el léxico neoplasticista.

---

[35] Albertini, Bianca & Bagnoli, Sandro. "Scarpa. La arquitectura en el detalle". Ed. GG. Barcelona 1989. Original de la editorial Jaca Book, Milán 1988. p.30.

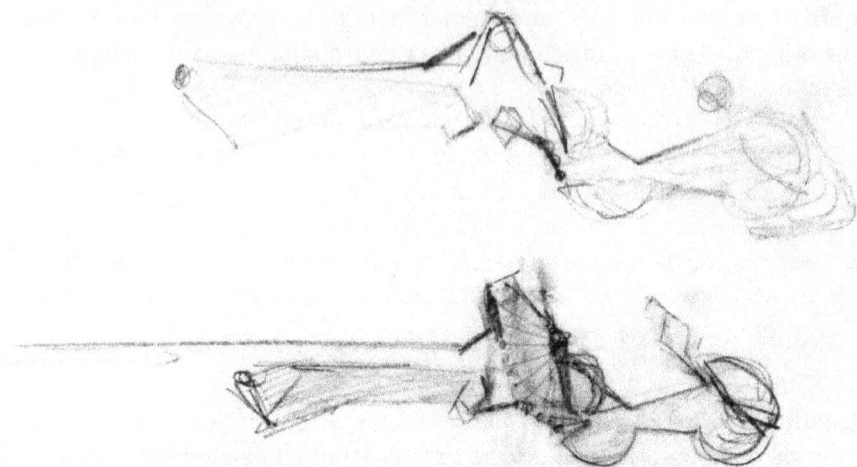

Boceto del proyecto para la Colonia Montana de Ing. C. Olivetti & C. S.p.A., Brusson.
Carlo Scarpa. Fuente: Archivo Carlo Scarpa. Treviso.

El mecanismo perceptivo funciona destacando determinados elementos cromáticos del espacio, pero sin impedir la lectura completa del conjunto. La propia geometría se encargará de ir enlazando estos focos perceptivos para dar continuidad visual al espacio, enmarcando las visuales que interesan en cada momento.

A la vez, tanto la luz focalizada como los tonos cromáticos constituyen un reclamo visual que tiene la doble función de iluminar e incorporar el paso del tiempo como parámetro presente en el espacio. De esta manera, percepción, tiempo y movimiento se enlazan en el espacio scarpiano.

LA METÁFORA COMO POÉTICA DEL ESPACIO

La discreción es una virtud admirable en las personas, pero también en la arquitectura. La de Scarpa, la arquitectura, es agradecida por no querer llamar la atención de cualquier persona ajena al discurso arquitectónico del maestro. Sin embargo, para el visitante interesado, no es difícil reparar en el discurso que nos prepara a través de un espacio lleno de matices que hacen trabajar la inteligencia y que se encadenan unos con otros, encajando en la totalidad del espacio arquitectónico.

El maestro, gustoso por lo sorpresivo, utiliza el intelecto para despertar el interés, evitando así los recursos fáciles que devienen en alarde. De esta manera, en contra de escalas desmesuradas, logra trasladarnos un mensaje intelectual, metafórico, simbólico y poético.

Para dotar de contenido poético a su arquitectura recurre a la metáfora y a la simbología, utilizando dualidades antagónicas que estimulan la sensibilidad y llenan de significado su obra; lo pesado frente a lo ingrávido, lo sólido frente a lo líquido, lo masculino frente a lo femenino, lo espiritual frente a lo terrenal, lo estático frente a lo dinámico, lo viejo frente a lo nuevo, la vida frente a la muerte...

Para trasmitir estos significados a través de un lenguaje que permitiera reducir lo representado a su esencia, se recurre a la abstracción como argumento. Así toda su obra queda envuelta en un halo de abstracción intelectual y poética. Como se describía en una entrevista que se le realizó a Scarpa en 1971, su trabajo se centraba en la búsqueda de una arquitectura que siempre se basaba en la abstracción.[36]

En ocasiones la arquitectura posee un significado alegórico y cierta analogía compositiva con la naturaleza. El valor que se defiende sobre la obra de Scarpa es la capacidad de transmitir esas analogías a través de los mecanismos de abstracción y en concreto de la simbología. El símbolo es en sí mismo una abstracción, ya que representa algo sin reproducirlo de manera figurativa, extrayendo del modelo aquellos rasgos esenciales que lo definen.

---

[36] Entrevista a Carlo Scarpa 1971. RAI1. En palabras de Maurizio Cascavilla.

Tumba Brion. San Vito d'Altivole.
Italia. 1969-78. Carlo Scarpa.
Fotografía: Andrés Ros.

Todos estos símbolos los encontramos a lo largo de los espacios por él
diseñados, pero también en sus bocetos, esquemas y planos. La minuciosidad le obligaba a esmerarse en busca de un diseño preciso que
albergara el símbolo y el medio para lograrlo era la geometría.

> *"...La planta lo determina todo, es una abstracción austera, algo algebraico
> que seca el ojo."*
>
> *Le Corbusier. 1924.*[37]

Pero la arquitectura de Scarpa constituye también una metáfora de la
modernidad arquitectónica. La ruptura de la caja, la fluencia del espacio,
la fusión entre espacio interior y exterior, el recorrido arquitectónico, que
introduce la circulación como parámetro compositivo, la geometría pura,

[37] Le Corbusier. Vers un Architecture. 1924

el funcionalismo, son ideas abstractas de la modernidad, que Scarpa retoma y reinterpreta en su discurso arquitectónico.

Como explica, Josep María Montaner, la concepción del espacio arquitectónico, gracias a los avances técnicos de la industria y los instrumentos formales de la abstracción, fue el mayor esfuerzo intelectual y formal del Movimiento Moderno.[38]

La consecuencia de la abstracción del espacio será, a finales del siglo XX y una vez superado el horror vacui, la proliferación de espacios desnudos, de detalle sutil y refinado. Espacios vacíos donde se destacan los elementos de la arquitectura prioritarios; la luz, la materialidad, la geometría y la forma, en definitiva, la verdadera esencia del espacio.

De este modo los elementos con los que trabajaría Le Corbusier están constituidos por los cuatro sistemas: estructural, volumétrico, circulatorio y geométrico. Sirviendo así de precedente para el resto de la arquitectura. En la obra de Scarpa identificamos cómo estos cuatro sistemas se encuentran en el espacio y se funden en él. La composición se encargará de ordenarlos.[39]

El problema universal de la arquitectura es abarcar el espacio (al ser el espacio matemáticamente convertible en tiempo a través de la abstracción de la angularidad."

Buckminster Fuller. 1932.[40]

Con motivo de la XXVI Biennale de Venezia Carlo Scarpa intervino en zonas muy concretas del pabellón de Italia. En estos trabajos, destaca el jardín de las esculturas, un pequeño patio rectangular de unos 11x18 metros delimitado por muros de seis metros de altura. El patio-jardín, encerrado entre altos muros, imponía una condición de verticalidad muy

---

[38] Josep María Montaner y VVAA. Introducción a la arquitectura: Conceptos fundamentales. cap 5 Espacio. Edicions UPC. Barcelona. 2000
[39] Allan Greenberg. *Espacio fluido versus espacio sistemático: Lutyens, Wright, Loos, Mies, Le Corbusier.* UPC, 1995. P.6.
[40] Buckminster Fuller. Arquitectura Universal. 1932. Artículo recogido en "Programas y manifiestos de la arquitectura del s XX." De Ulrich Conrads. Berlín 1964. Ed. española: Lumen. 1973.

Boceto del proyecto de complejo con edificio en altura, estación de autobuses y terminal de pasajeros en Padova, Italia. 1948. Carlo Scarpa. Fuente: MAXXI Roma.

potente e integrará una serie de pequeños estanques que adquirirán protagonismo, en un intento de equilibrar la excesiva sensación de enclaustramiento de un espacio tan reducido.

La metáfora se produce al interpretar el plano del agua como el plano base sobre el que el resto de los elementos flotan. Se entenderá que el agua anega la totalidad del espacio como si el propio patio fuera un estanque en su totalidad.

Sobre él se van disponiendo plataformas de pavimento que permiten atravesar el patio generando la acción simbólica de andar sobre el agua, que al fin y al cabo se da en toda la ciudad. Una cubierta de forma sinuosa, pero geometrizada cubre parcialmente el espacio del patio, dejando escapar la mirada en vertical.

El apoyo de la cubierta se realiza sobre tres únicos puntos, situados sobre otros tantos robustos pilares cuya planta en forma de mandorla constituye un símbolo recurrente en su obra. Estos apoyos másicos aportan una visión estereotómica del espacio que se combina con la delicadeza del apoyo en su parte superior de condición tectónica, sugiriendo una ambigüedad interpretativa. Una dualidad de significado que también es una constante en el gusto de Scarpa por lo misterioso de las dobles interpretaciones.

Estamos ante una paradoja del proyecto, y es que la estructura aparentemente sobredimensionada, parece enfrentarse a la intención de disolución de la arquitectura moderna, lo que sitúa a Scarpa en una constante contraposición o reinterpretación de postulados modernos. Esta expresión estereotómica y escultórica de los soportes, acompaña a la temática del espacio, destinado a exponer esculturas.

La propuesta metafórica versa en torno a la consideración de la idea de límite. Como no podía extender el espacio más allá de los muros, el proyecto propone extender sus límites en la dirección vertical. Por ello, realiza la prolongación de varios niveles desde el plano de la cota cero, tanto hacia arriba, generando bancos y pedestales de diferentes alturas, como hacia abajo disponiendo profundidades diferentes en los estanques.

El sonido está presente por los surtidores que se reparten por el patio, intentando generar distintos focos de atención. Todo contribuye a paliar la rotundidad del límite del espacio preexistente. Muy vertical y de reducidas dimensiones.

Como se ha comentado anteriormente, la dualidad tectónica-estereotómica está muy presente en sus proyectos, llegando incluso a contraponerse. En el museo de la Gipsoteca Canoviana, Possagno, (1955-57) el espacio preexistente, de planta basilical, se resuelve con gruesos muros de piedra, de condición másica y por tanto estereotómica.

En contraposición la ampliación planteada por Scarpa, combina varias soluciones ligeras en la estructura, que alterna muros y pilares metálicos, en los cerramientos y en los lucernarios de cubierta.

Atendamos ahora a otra metáfora arquitectónica que se produce en la Gipsoteca. Scarpa interpreta la presencia de la torre-estudio de la casa familiar, que linda con el museo, donde Canova empezó su actividad ar-

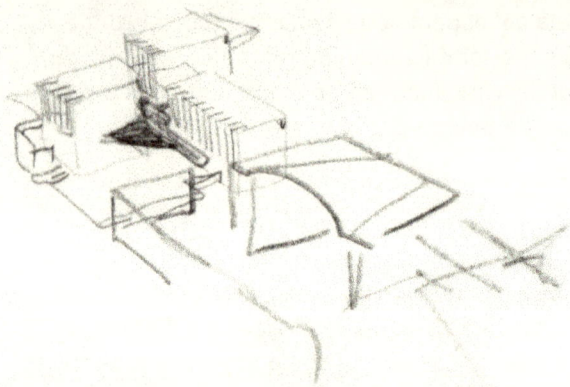

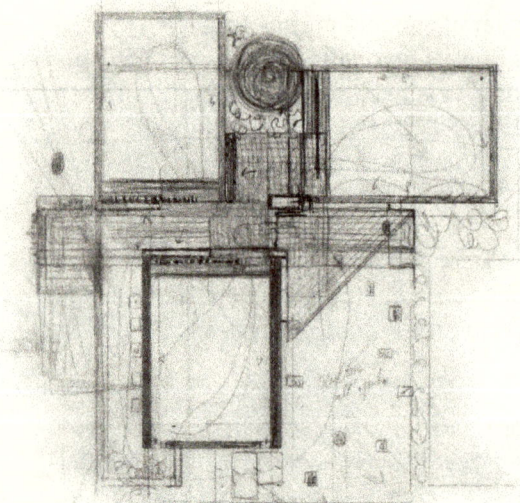

Bocetos del proyecto del
Pabellón de Venezuela en la
Bienal de Venecia. 1953-56,
perspectiva, planta y alzado.
Carlo Scarpa. Fuente:
Archivo Carlo Scarpa. Treviso.

tística. El reflejo de la torre, lo realiza de manera abstracta y metafórica sin caer en la reproducción mimética e interpretando su esencia.

Así, el estudio, en su casa natal, tiene unas dimensiones en planta de 5.5 x 7,3 metros, y una altura de 5,5 metros. Scarpa utilizará estas medidas prefijadas para vincular los dos espacios citados, pero girándolas. De esta forma en el espacio vertical que aparecerá en la Gipsoteca, la cota mayor se le asignará a la altura de la sala.

Esta operación de abstracción se resume en la utilización del mismo volumen, pero levantándolo 90 grados con el fin de que la mayor dimensión dote de altura al espacio. El resultado será un prisma vertical de base cuadrada de 5,5x5,5 metros.

Pero existe otro paralelismo entre el estudio del artista y la nueva ampliación del museo y es la existencia de ventanas en la parte alta del estudio doméstico, que permiten visualizar el cielo, aunque su verdadera función, lógicamente, era iluminar el espacio de trabajo. En concreto existen tres ventanas en otras tantas orientaciones, quedando la orientación oeste, adosada a la vivienda, sin hueco. Estos huecos de iluminación, que encuadran el cielo, volverán a aparecer en la sala principal de la ampliación, como reflejo de la torre doméstica.
Sin embargo, en este caso Scarpa introduce una anomalía y es la posición de los mismos. En el espacio más vertical de la nueva ampliación del museo, la iluminación no se colocará centrada en el muro, sino en la esquina superior del prisma espacial, rompiendo así las tres aristas que se encuentran en el vértice.

La naturaleza tectónica de la intervención queda reforzada por los elementos lineales que aparecen en las salas y que enfatizan la condición lineal del mismo. Estos elementos, como líneas que recorren el fondo blanco del espacio, se configuran bien mediante oscuros (formados por los peldaños), o bien mediante elementos metálicos negros que recorren la arista de encuentro entre los paramentos verticales y horizontales.

Algunos pedestales evidencian también la idea de fragmentación. En concreto el pedestal de la escultura de George Washington, se compone de cuatro elementos de piedra que van dejando juntas entre ellos. El dibujo resultante de las juntas sugiere cierto vínculo neoplasticista, por la asimetría de este y por el entramado de líneas negras (oscuros) sobre

Esquema geométrico de fuente de la fundación Querini Stampalia. 1961-63. Carlo Scarpa. Dibujo Andrés Ros.

fondo blanco. Podemos afirmar que entre las pesadas esculturas y sus elementos de apoyo se genera un dialogo de pesos y ligerezas que nos remite a la idea de lo tectónico-estereotómico.

La idea de fragmentación también está presente en el proyecto. La nueva intervención se separa de la basílica preexistente generando una rasgadura cuyo único punto de unión será el espacio de entrada, que evita la ruptura total. En el interior del espacio encontramos otras dos rasgaduras que vuelven a exponer la idea de ruptura entre elementos. En concreto el espacio vertical y prismático de la gran sala se separa del resto gracias a dos rasgaduras verticales de suelo a techo.

La sintonía entre las piezas expuestas y la propia configuración espacial es tal que la escultura de la "Ninfa durmiente" une dos de los espacios salvando el desnivel con el diseño de su lecho, convirtiéndose así la propia escultura en el encuentro entre el espacio vertical y el horizontal.

Por último, la dualidad interpretativa, siempre presente en su obra, aparece de nuevo entre el elemento vertical de la gran sala y el elemento horizontal del resto, o entre la ortogonalidad geométrica y la diagonal del muro sur, o entre lo nuevo y lo viejo.

En 1957, Scarpa comienza el diseño para un local de la marca Olivetti, con el fin de realizar exposiciones de los productos que producía. Para ello se disponía de una parcela alargada de unos 21x5 metros de anchura desde la Plaza de San Marcos. El resultado sería una lección expositiva paradigmática de la historia de la arquitectura.

El mayor reto consistía en compensar la sensación de espacio alargado y limitar de alguna forma la perspectiva hasta el fondo de este. Para ello Scarpa opta por situar una barrera visual en el centro del espacio, constituida por la escalera que conecta con el nivel superior. Un elemento que atraerá las miradas por su singularidad y distraerá la sensación de compresión y estrechez del espacio.

Además, la planta se llenará de continuas llamadas de atención que diversifican la mirada y suavizan la sensación de profundidad. Para ello trabajará la fragmentación a través de la lectura de elementos autónomos, separados unos de otros por juntas de montaje o cambios de material.

La escultura de formas orgánicas, de Alberto Viani, que encontramos en el acceso, también contribuye a diluir la atracción de la mirada hacia el final de la parcela, contrastando a su vez con el riguroso orden cartesiano impuesto en el proyecto. El punto focal de la escultura parece flotar sobre una lámina de agua contenida en un pedestal de mármol negro que hace las veces de recipiente y que está alimentada por una pequeña fuente de piedra.

"...La estupenda escalera de losas colgadas y proyectadas hacia adelante, descomposición neoplástica del tramo que hizo Miguel Ángel en la Laurenziana, que altera el espacio prismático con la informal cascada de peldaños que se precipitan hacia abajo..."

Ada Francesca Marcianò.[41]

---

[41] Ada Francesca Marcianò. Carlo Scarpa. Editorial GG. Barcelona 1985. P.78.

Proyecto de bloque de apartamentos. Feltre, Italia. 1949. Carlo Scarpa. Fuente: MAXXI Roma.

Los reflejos generados tanto por la lámina de agua sobre la que se dispone la escultura, como por los paramentos horizontales y verticales, y la propia iluminación, aportan una atmósfera característica en las penumbras de los recovecos de la planta. El espacio se densifica por los matices de la luz natural tamizada a través de las celosías de los huecos al exterior, como velos de luz, en un guiño bizantino que recuerda a la arquitectura oriental.

A ello contribuyen también los brillos de los materiales empleados; madera de teca en los techos, pavimentos teselados de vidrios de varios colores (rojo, amarillo, azul y blanco), mármol para otras zonas de pavimentos y los peldaños de la escalera, madera de palo de rosa para los estantes expositivos y de vidrio en la planta superior, herrajes de acero inoxidable, vidrio esmerilado en la luminarias empotradas en las paredes, estuco veneciano en los paramentos verticales y celosías de madera en las ventanas. Una amalgama de materiales que podría parecer excesiva, pero que sin embargo se sincroniza con elegancia.

La cuestión del límite merece, en este caso, una pausa, ya que Scarpa se preocupa de evitar el techo de la planta baja como límite vertical, con el fin de vincular los dos espacios a distinto nivel. Para ello generará huecos de doble altura. A esto hay que añadir la disposición de los paramentos verticales interiores que se interrumpen antes de llegar al techo con el fin de evidenciar la presencia de los muros preexistentes, quedando semiocultos por el nuevo revestimiento, y entender así la naturaleza respetuosa de la intervención.

En lo metafórico Scarpa también desveló su obsesión por el número 11. El número en cuestión cuya formación se debe a la duplicidad del número uno, se representa en muchas ocasiones en las duplicidades de elementos. Tal y como explica Mc Carter, en las dimensiones del espacio arquitectónico Scarpa empleará la mitad de esa dimensión, 5,5 y múltiplos de la misma. Simbólicamente el 11 es la unión entre el 5 y el 6, por lo que también utilizará los pares de números 5 (2+3) y 6 (2x3) en dimensiones de 65 o 56.[42]

> "La comprensión de la peculiaridad del uso del número once en la arquitectura de Scarpa debe comenzar con la consideración de dos ocurrencias bizantinas. Por un lado, está el extraño hecho de que un total de once letras componen su nombre... Carlo Scarpa. Por otro en la tradición constructiva italiana donde el espesor de una partición standard de ladrilo es aproximadamente once centímetros."
>
> *Marco Frascari.[43]*

La aparentemente obsesiva recurrencia al número se puede entender como un recurso conmemorativo de la tradición clásica, y por extensión de toda la historia de la arquitectura. León Battista Alberti atribuía a la *numeratio* (numeración) la capacidad de dotar de armonía y coherencia a la arquitectura. Y Joaquín Arnau se encarga de aclararnos la vinculación armónica entre música y arquitectura, haciendo referencia al propio Alberti.

---

[42] Robert Mc Carter. Carlo Scarpa. Ed. Phaidon Press Inc. 2013. New York. P. 78
[43] Marco Frascari. A deciphering of a wonderful cipher. Eleven in the architecture of Carlo Scarpa. Oz 13. Frampton, Kenneth. *Estudios sobre cultura tectónica*. Ediciones AKAL, 1999. P.37.

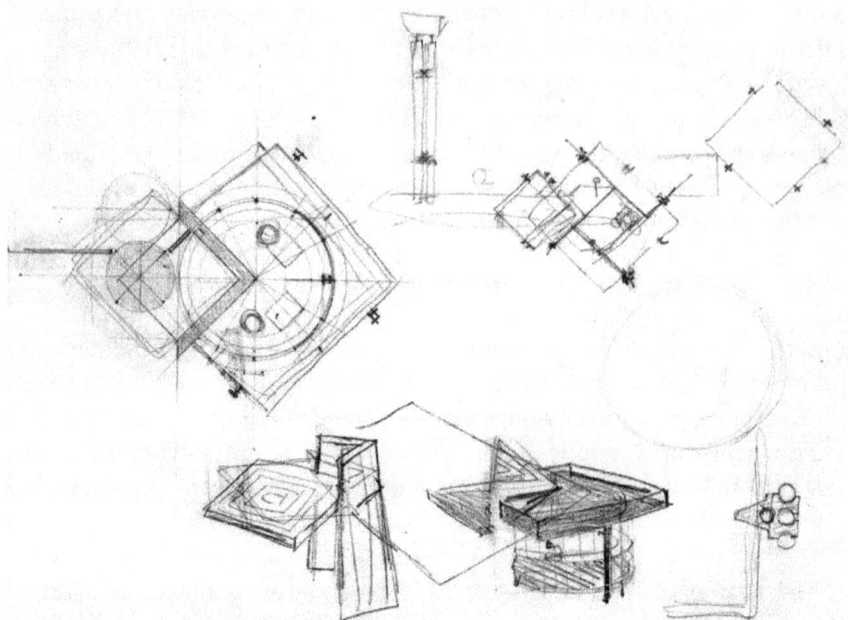

Boceto original del acceso a la Bienal Internacional y puesto de venta de entradas. 1951-59.
Carlo Scarpa. Fuente: MAXXI Roma.

"La armonía que se funda en los números puede ser, indistintamente, audible o visible".

Joaquín Arnau.[44]

La propia escalera central dispone de 13 peldaños, necesarios para salvar el desnivel de una planta. Sin embargo, en su diseño observamos que precisamente los dos que le sobran para obtener la recurrente cifra (11), se prolongan queriendo convertirse en algo más que simples peldaños

[44] Joaquín Arnau Amo. 72 voces de arquitectura. Ed. Celeste Ediciones. Madrid. 2000. En alusión a los argumentos de Leon Batista Alberti.

de escalera y permitiendo ser bandejas expositivas. De este modo si restamos estos dos elementos, el resto de los peldaños, sumarían once.

Finalmente, entre estas breves referencias a algunos de sus proyectos más significativos, es preciso citar el complejo monumental Brion, cementerio de San Vito di Altivole, Treviso. 1969-78. Scarpa empezó a diseñarlo en 1970, para luego extender su construcción hasta 1978, siendo su último proyecto, que no vio terminado, y el más complejo por la inclusión del símbolo y la alegoría como protagonistas.

Las visuales serían también un aspecto relevante a tener en cuenta de forma que los condicionantes que más influyeron a la hora de la estrategia proyectual fueron; la vista de los Dolomitas, la perspectiva hacia el campanario de la Iglesia del pueblo de San Vito, y la campiña que caracteriza el paisaje de la región, y que rodea el cementerio.

Aludiendo de nuevo a la costumbre de Scarpa en utilizar el número 11 como módulo, sus múltiplos y submúltiplos serían los utilizados para dimensionar todos los elementos. En cumplimiento de esta restricción auto impuesta, el muro perimetral lo diseñará con una altura desde el interior de 11x15=165 centímetros sobre el nivel de la tumba.

"... Necesité cierto tipo de luz, y trabajé con una retícula de 5,5 cm. Esto que podría no parecer esencial, es realmente rico en expresividad panorámica y movimiento... Lo dimensioné todo con los números 11 y 5,5."

Carlo Scarpa. 1978.[45]

Retomando el proyecto de la tumba Brion, encontramos la dualidad interpretativa en lo ligero que flota y lo pesado que se entierra. Contrasta así el pabellón de la meditación, sobre el agua, con el arcosolio de la tumba del matrimonio semienterrado. El primero es tectónico por su formalización en elementos solapados y reconocibles de manera independiente. El segundo anclado a la tierra utiliza una estructura que funciona por gravedad, por peso, el arco.

---

[45] Conferencia en Madrid en 1978, con el título: "Mil cipreses". Recogida por Dal Co. & Mazariol. Op. Cit. P.18.

Simbólicamente, el proyecto atiende al ritual del enterramiento, pero también representa una metáfora de la vida y la muerte. Los gestos y detalles abstractos de Scarpa desvelan una misteriosa simbología que él nunca se preocuparía en desvelar, a pesar de ser interpelado en alguna ocasión.

La tendencia del maestro por la utilización de lo simbólico y metafórico era casi obsesiva, planteando constantemente una misteriosa dualidad poética; dentro-fuera, elevarse-enterrarse, hombre-mujer. Sin embargo, estas parejas antagónicas forman parte de un todo común, y permiten una lectura holística del conjunto a la vez que una interpretación individual de sus contraposiciones. Deberíamos reconocerle al maestro el mérito de haber conseguido la representación simbólica a través de la abstracción, y no de la mímesis.

Finalmente, debemos centrarnos en la interpretación de la presencia del agua. En el muro sur de hormigón, justo en la altura donde debía intersectar con el agua del estanque se genera un oscuro que se desarrolla en toda la longitud del espacio y permite que pase y se pierda el agua por debajo del muro, produciendo un sonido como aportación sensorial a la metáfora.

La vida representada por el agua continúa, mientras que el individuo, para el que el muro es infranqueable, subyace en este lado, y queda para siempre en el camposanto. Además, el canal de agua que recorre el jardín alejándose del estanque del pabellón de la meditación, se secará precisamente donde se disponen las tumbas. El sonido del agua canalizada, cambiante, simboliza la vida y su desembocadura final en el estanque simboliza la muerte.

"El extraño rol desempeñado por el agua en la tumba Brion... Las superficies de agua en movimiento simbolizan la vida".

Keneth Frampton.[46]

---

[46] Keneth Frampton. Estudios de cultura tectónica. Volumen 22 de Akal Arquitectura. Ediciones AKAL, 1999. p.319-320

DETALLE, ABSTRACCIÓN Y SÍMBOLO

"Es evidente que la modernidad, con su decantación del lado de lo abstracto, ha privilegiado la idea de orden más estricta y legible, depurada de su atavío figurativo".

Joaquín Arnau Amo.[47]

Tal afirmación viene a constatar el abandono del motivo figurativo aplicado a la arquitectura, considerado como detalle transformado en decoración, reconocible a su vez por imitativo, y cuyo rechazo ya Loos enunció con intensidad considerando imperdonable y degenerativa la falsedad de la decoración, que él llamaba ornamento.

Pero la cuestión es, si existe un ornamento que acompañe a la verdad, un ornamento no asentado en la falsedad ni en el enmascaramiento de la forma. Interrogándonos sobre esta cuestión descubrimos que hay ejemplos, entre ellos el del propio Carlo Scarpa que ejemplifican y representan esta postura, que se sirve del ornamento para realzar la verdadera esencia de lo proyectado.

El ornamento no oculta la naturaleza de lo construido, o, dicho en otras palabras, el ornamento contribuye a destacar aquello que verdaderamente supone la esencia del proyecto arquitectónico. Este tipo de ornamento no es mimético, sino que responde precisamente al mecanismo de abstracción intelectual.

Llegados a este punto de la reflexión es preciso preguntarse cómo se caracteriza este tipo de ornamento, que no es precisamente una herencia del siglo XIX, pero que sin embargo contribuye a vestir la arquitectura, como en aquellos tiempos, pero de forma abstracta, completando su sentido. Se abandona la idea del ornamento primitivo asociado a culturas no desarrolladas y se asocia de esta forma a una intelectualidad propia del presente.

"Dado que el ornamento tiende a ser figurativo, su renuncia favorece el arte abstracto. Por eso, el racionalismo funcional del Movimiento Moderno se recrea en la forma abstracta, que se supone, séalo o no, eminentemente funcional y racional."

Joaquín Arnau Amo.[48]

[47] Joaquín Arnau Amo. 24 ideas de arquitectura. Ediciones UPV. 1996. P.224.
[48] Ibidem. P.89.

Esquema compositivo del soporte la escultura de la Partigiana de Augusto Murer. Venecia. 1969.
Carlo Scarpa. Dibujo Andrés Ros.

Como recuerda Joaquín Arnau en el escrito citado, en la tradición de la arquitectura, el ornamento contribuye a la idea del ritmo que estudiaron Gottfried Semper y Alois Riegl en la segunda mitad del S.XIX.

Atendiendo a la demanda de Loos en "Ornamento y delito", la modernidad se decanta por lo funcional en contraposición a lo ornamental. Sin embargo, el engalanamiento, por utilizar términos asociados a la vestimenta, viste de gala la arquitectura atendiendo al decoro. Vestir la arquitectura es atender a su puesta en escena.

Ornamento, adorno y decoración parecen referirse a lo mismo, tienen acepciones comunes, pero poseen también connotaciones y etimologías propias. Su significado tiende a ser más profundo que lo definido por los diccionarios.

Además, el tema tratado tiene una vinculación directa con el arte. En este sentido, Joaquín Arnau se centra en la clasificación artística en la que tendría cabida la arquitectura. Por un lado, estaría el arte imitativo, por otro el arte decorativo. ¿En cuál de estas clasificaciones encajaríamos a la arquitectura? Arnau resuelve que la arquitectura es arte decorativo, dado que no entenderíamos el sentido imitativo de la misma. Lo explicaba así:

No es fácil, sin embargo, delimitar el umbral a través del cual la imitación se torna decoración. Puede aventurarse tan solo que el proceso discurre de lo concreto a lo abstracto: decoración se vincula a abstracción. Y en todo caso, la imitación remite al origen -el modelo imitado- y la decoración al fin: la decoración entraña cierta finalidad... La decoración constituye así el umbral superior del decoro y la decencia su umbral inferior.

Joaquín Arnau Amo.[49]

Más que las formas recargadas o la mimesis figurativa, el verdadero adorno de la arquitectura de Scarpa será la capacidad sensorial que aporta la misma. Los diferentes acabados, texturas y superficies presentes en cualquiera de sus proyectos sugieren un collage compositivo que potencia los sentidos. La austeridad formal elimina la decoración, los materiales aprovechan esta condición para destacar y ennoblecerse, por lo que el nuevo decoro moderno subyace en el detalle.

La utilización de determinados mecanismos, refuerzan el mensaje de manera no evidente sino a través de una profunda operación intelectual y poética. El lenguaje arquitectónico se ve dotado así de un velo abstracto que obliga a la descodificación del código y del pensamiento arquitectónico del maestro, fundamentado en la interpretación del espacio a través del signo, el símbolo y la geometría.

El detalle de Scarpa constituye un ejercicio de depuración, un paso más en el revestimiento del espacio. Este engalanamiento de los elementos arquitectónicos es un adorno desnudo de superficialidad y cargado de profundidad reflexiva. Para conseguirlo se servirá de elementos tales como; el punto, la línea o el plano, pertenecientes al léxico neoplasticista, explorando sus posibilidades a través de determinadas acciones y mecanismos a los que aludía.

Pero también se inspirará en el ejemplo de la tradición de la arquitectura japonesa, de la que admirará la sutileza de sus detalles y la depuración de sus diseños. Fue precisamente durante su segundo viaje a Japón cuando la creación poética scarpiana se apagó para siempre. Scarpa

[49] Ibidem.

Detalle compositivo de la fachada de la Banca Popular de Verona. 1973-78. Carlo Scarpa.
Fotografía: Andrés Ros.

viajó en dos ocasiones a Japón. La primera en 1969. En su segundo viaje
en 1978 sufriría un desafortunado accidente que disiparía para siempre la
creación del maestro.

*"Toda manifestación humana necesita cierta dosis de interés, sobre todo en el
dominio estético. Este interés es de orden sensorial y de orden intelectual. La decoración es de orden sensorial y primario como el color, y conviene a los pueblos
sencillos, a los campesinos y a los salvajes. La armonía y la proporción solicitan el
intelecto, detienen al hombre culto."*

Le Corbusier. 1923.[50]

[50] Le Corbusier. Vers une architecture. París 1923. Versión española: Hacia una arquitectura. Ed. Apóstrofe SL. Barcelona. 1998. P. 112.

Por otra parte, se hace necesario aludir a las intervenciones del maestro sobre arquitecturas preexistentes, donde la exigencia de modernizar el programa funcional, o en ocasiones la reformulación museográfica, planteaban un problema de difícil solución al que el maestro siempre supo dar respuesta.

La aceptación del ornamento de la preexistencia se conjuga con lo estrictamente moderno en los proyectos en los que interviene sobre edificios históricos de valor patrimonial. Los elementos se sincronizan y se encuentran para complementarse. Lo moderno se encaja y necesita de lo clásico en su puesta en escena. Y a la vez, recíprocamente, se produce la dependencia de lo nuevo para que lo histórico reluzca.

Sobre la abstracción, es necesario exponer la posibilidad de desdibujar o difuminar la presencia de la arquitectura a través de la capacidad sensorial y dinámica que aporta el agua en la arquitectura. El reflejo distorsiona en cierta medida la imagen, suavizándola y borrando los detalles, permitiendo así una percepción elemental y depurada de lo reflejado.

El conjunto de mecanismos abstractos y elementos compositivos utilizados por Scarpa, constituyen la sintaxis de un sistema visual, presente en una arquitectura donde la percepción es tan importante como la materialización o la construcción. Todos estos mecanismos abstractos contribuyen a crear un juego de sensaciones.

Es reconocible en la obra de Carlo Scarpa la separación física que existe entre los diferentes elementos del espacio. La junta la utiliza como elemento integrador y aunque parezca una paradoja, como elemento de relación entre lo viejo y lo nuevo.

Este elemento de junta pertenece a los recursos dialécticos de su obra. Kenneth Frampton enfoca el problema de la fragmentación y la dialéctica de los elementos separados en su conferencia "Intimations of Tactility; Excerpts from a Fragmentary Polemic" en el apartado de aspectos psicológicos y mentales de la teoría de la arquitectura.[51]

---

[51] Kenneth Frampton. Intimations of Tactility: Excerpts from a Fragmentary Polemic. 1981. International Journal of Architectural Theory. Vol. 12, No. 1. 2007.

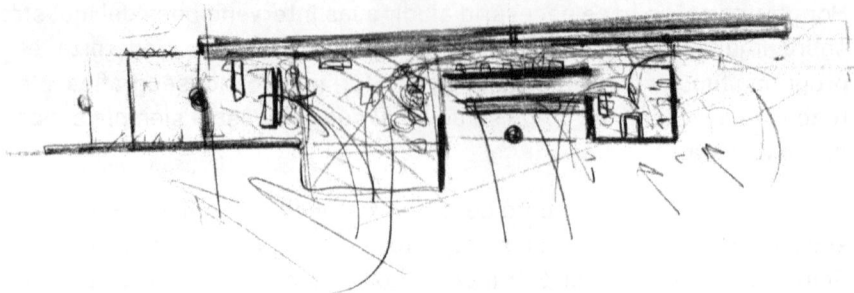

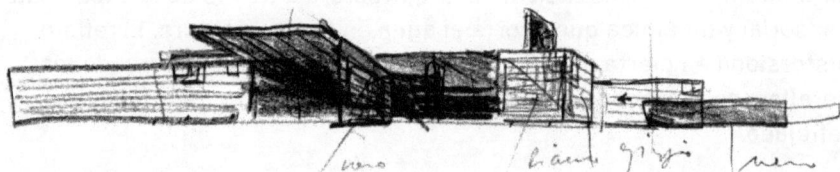

Diferentes bocetos originales del proyecto del Camping Fusina. Malcontenta, Italia.
1957-59. Carlo Scarpa. Fuente: MAXXI Roma.

La fragmentación también se visualiza en aspectos volumétricos del diseño. En concreto en el proyecto de Banca Populare del Veneto se separan los volúmenes esenciales del edificio en una descomposición abstracta del volumen y del espacio. La propia filosofía de trabajo del maestro veneciano le obligaba a respetar los elementos existentes de interés, con lo cual, a priori, ya disponía de condicionantes o limitaciones de actuación que debía sincronizar con los elementos nuevos que aportaba. La idea de fragmentación aparecía casi por obligación.

Cuando hablamos de volumen es obligado hablar de forma. La forma puede ser tratada desde la descomposición absoluta, en posturas cercanas al deconstructivismo, o en propuestas rotundas de volúmenes elementales primitivos como sugería Rafael Moneo en su artículo "Fragmentación y compacidad en la arquitectura reciente".[52]

En este sentido sorprende encontrarnos con propuestas de Carlo Scarpa, que se aproximan a investigaciones orgánicas, que niegan la forma para trabajar con lo amorfo, como el proyecto de la Colonia Olivetti. Otros movimientos de vanguardia aportarían al maestro cierta inspiración en cuanto a la fragmentación.

Sobre el movimiento holandés De Stijl, es evidente el flujo de ideas entre las artes y la arquitectura, donde la geometría y la linealidad eran la esencia de todo planteamiento.

"...La nueva arquitectura es elemental, es decir, se desarrolla a partir de elementos de la construcción en el sentido más amplio. Estos elementos –como función, masa, superficie, tiempo, espacio, luz, color, material, etc. son plásticos".

Theo van Doesburg. 1924.[53]

Como se deduce de la afirmación anterior, Van Doesburg incide sobre los elementos que componen la arquitectura. Ha sido capaz de descifrar los

---

[52] Rafael Moneo Vallés. Paradigmas fin de siglo; fragmentación y compacidad en la arquitectura reciente. El Croquis. Vol. 5, N°. 98, 2000. págs. 198-203.
[53] Theo Van Doesburg. Hacia una arquitectura plástica. 1924. Artículo recogido en "Programas y manifiestos de la arquitectura del s. XX." De Ulrich Conrads. Berlín 1964. Ed española 1973, ed. Lumen.

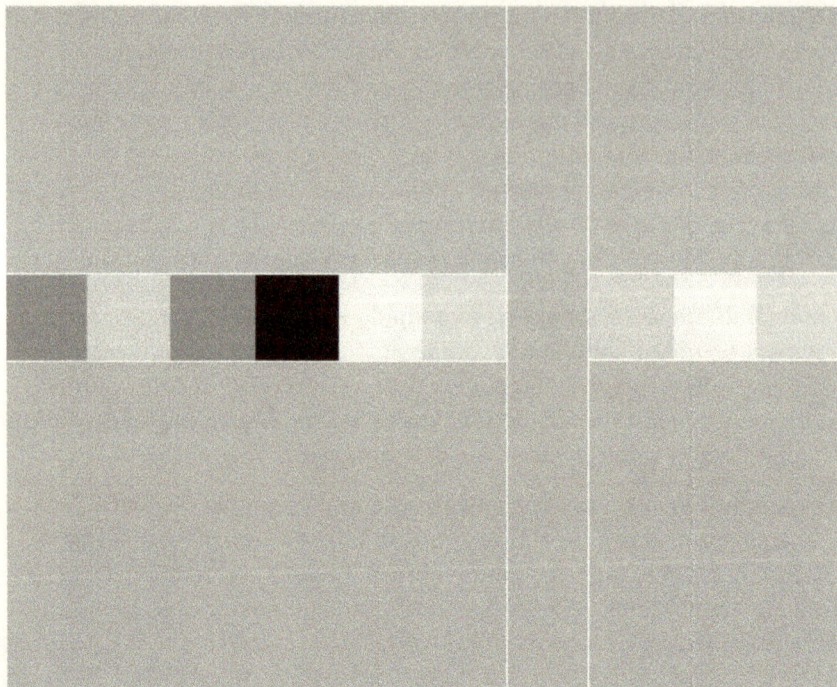

Esquema del detalle de las incrustaciones, de teselas de vidrio coloreadas, en el muro de hormigón de la tumba Brion. 1969-78. Carlo Scarpa. Dibujo Andrés Ros.

parámetros compositivos de la misma y, lo que es más importante, plantea que son esos parámetros los protagonistas de la nueva arquitectura, como el tiempo, el espacio o la función.

ORNAMENTO, ABSTRACCIÓN Y MODERNIDAD

Como hemos visto antes, Scarpa frente a la decoración defiende el decoro, pero también acepta el ornamento como parte heredada de la tradición. Sin embargo, el ornamento scarpaiano es una relación comedida, estudiada, y equilibrada de relaciones entre elementos constituyentes del espacio.

Como herencia de sus estudios en la academia de Bellas Artes de Venecia, en 1926, Scarpa no niega lo ornamental pero sí huye de la figuración, o la decoración irracional. El ornamento scarpiano se basa en la depuración geométrica y encaja con los postulados de la arquitectura moderna sin contradecir la postura loosiana. A través de la abstracción se consigue ornamentar con decoro.

El ornamento scarpiano o la vestimenta de su arquitectura la encontramos no en un adorno mimético y figurativo sino en el detalle reflexivo y depurado. El ornamento de Scarpa se trabaja a través del detalle arquitectónico. Cuando aludimos al detalle en el discurso, es ineludible abrir un debate sobre su significado.

Como explica María Antonia Crippa, durante el siglo XIX se estableció una separación entre ornamento y estructura portante. Así el detalle decorativo ornamental se separa del detalle constructivo o estructural. El ornamento atendía a cuestiones estéticas mientras que la estructura lo hacía a cuestiones funcionales.

Para los modernos el detalle abandonará lo decorativo para ceñirse a lo funcional, estructural o constructivo. Pero este detalle era también capaz de aportar a la arquitectura un contenido intelectual, racional y coherente con la totalidad del proyecto. Esta nueva concepción del detalle se fundamentará en la utilización de la abstracción como mecanismo defensivo frente a lo figurativo. A la vez utilizarán la geometría como elemento del lenguaje frente a lo imitativo y caprichoso.

No hay que confundir la abstracción formal con la ausencia del adorno. Este, se entiende como el enriquecimiento perceptivo del espacio. El sentido del detalle en la obra de Scarpa está íntimamente relacionado con la intención de engalanar y saturar la lectura visual del espacio, sin sobrepasar el límite del decoro.

Sin renunciar a la depuración volumétrica Scarpa trabaja el detalle de las superficies para el enriquecimiento del diseño, sin ornamentos figurativos ni miméticos, para transmitir un estímulo de los sentidos y de la inteligencia.

La escala no es determinante para la aplicación de la filosofía del detalle de Carlo Scarpa, ya que no tiene que ver estrictamente con lo pequeño,

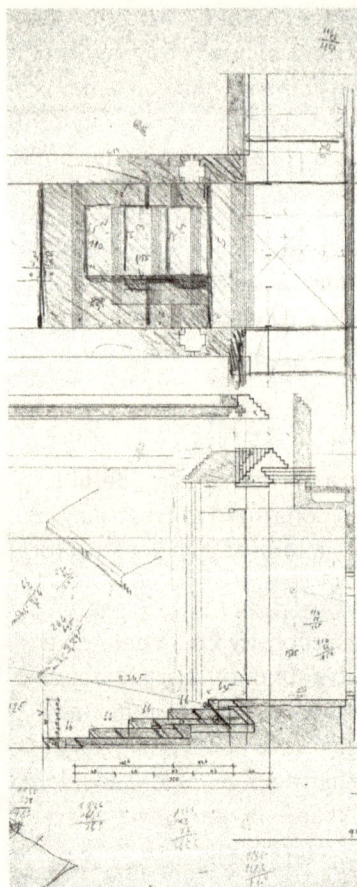

Boceto de escalera. Tumba Brion. San Vito d'Altivole. Italia. 1969-78. Carlo Scarpa. Fuente: MAXXI Roma.

ni tan siquiera exclusivamente con lo constructivo, sino que el detalle aporta la atracción intelectual del observador en cada uno de los elementos que componen el espacio, proponiendo así la fusión entre ellos.

Así, el detalle sobrepasa la escala de lo pequeño y ocupa el esfuerzo intelectual en todos los ámbitos del proyecto. El afán que mueve a Scarpa a semejante dedicación es la búsqueda, no de la belleza, que declaraba ya conocida, sino de lo sublime que deviene en extraordinario. Es así como sus encuentros, acabados, tratamientos, formas, detalles en definitiva se convierten en únicos.

La justificación histórica del adorno se comprende a través de la aspiración de la arquitectura hacia la belleza, y en nivel superior hacia lo sublime. En el año 2006, conmemorando el centenario del nacimiento de Carlo Scarpa el Museo Austriaco de Artes Aplicadas y Arte Contemporáneo de Viena (MAK) organizó una exposición comisariada por Rainald Franz en la que se destacaba la influencia ejercida por Hoffmann en la carrera de Scarpa. Llevaba como título precisamente; *"Josef Hoffmann-Carlo Scarpa. On The Sublime In Architecture"*.

LA ALQUIMIA DEL DETALLE

Desde la antigua Grecia la alquimia estudiaba la mezcla de sustancias, experimentando en busca de la transmutación de la materia. Con el paso de los siglos se reconocería que los alquimistas asentaron las bases del origen de la química como ciencia. En la actualidad su significado, hace referencia a una "transmutación maravillosa e increíble".

Es decir, una conversión que encierra algo de mágica. El alquimista es por tanto la figura que domina la materia y experimenta con ella con el fin de obtener algo trascendental, o como dice la leyenda, la "piedra filosofal" capaz de convertir los metales en oro.

El propio Platón se interesó por definir los cuatro elementos fundamentales de la naturaleza. Su teoría se basó en la de Empédocles en el siglo V a.C. Aunque a diferencia de este, que consideraba que los cuatro elementos (aire, agua, tierra y fuego) eran inalterables y por lo tanto permanentes.

Platón sostiene que pueden ser cambiantes, ya que asocia cada elemento a un sólido elemental y cada sólido lo descompone en triángulos, posibilitando que de un sólido pueda obtenerse otro de naturaleza diferente. El triángulo se convierte así, para él, en la unidad elemental de la materia. Su planteamiento teórico asociaba la materia con la forma y la geometría.

Esta teoría platónica, basada en la posibilidad de la transformación material, será asumida por Carlo Scarpa a través de su trabajo con la materia, Scarpa consigue transmutar lo convencional en trascendental y

Detalle de encuentro entre carpinterías y molduras preexistentes. Tienda Olivetti en Venecia. 1957-58. Carlo Scarpa. Fotografía: Andrés Ros.

sublime. Esta materia prima de su trabajo será la mezcla de tres elementos clave; la luz, la masa (sólida o líquida) y la gravedad.

Análogamente la combinación de elementos para obtener uno nuevo se da en la teoría cromática, tal y como definió Goethe en su "Teoría de los colores" en 1810. El color se encuentra presente permanentemente en la obra de Carlo Scarpa y se revela como mecanismo que refuerza la autonomía de los elementos que forman parte del espacio arquitectónico.

La arquitectura que se fragmenta en elementos requiere de soluciones de unión que nos conducen al detalle. Pero cuando hablamos de detalle no nos referimos únicamente a lo construido sino a lo diseñado. Es decir, la forma en la que se concibe la solución que propone la relación entre elementos. Es precisamente aquí donde la manera abstracta de Scarpa utiliza la sencillez y la geometría para resolver estas uniones.

La arquitectura de Scarpa se transforma en poesía recurriendo a diferentes estrategias como; el color, la luz, la textura, los olores y los sonidos, como recursos expresivos. Los sentidos adquieren por tanto una importancia máxima y su arquitectura se preocupará de invocarlos constantemente.

Sin embargo, la sensibilidad nos hace preocuparnos por la posibilidad de que semejante combinación de intenciones e interactuación entre los sentidos acabe siendo un pastiche. Su maestría radica precisamente en la habilidad para combinar estos elementos que forman parte de su arquitectura en un único espacio, dialogando entre sí mientras aportan una calidad exquisita al observador.

El tratamiento que merecen estos elementos es el de la depuración. Más que las formas recargadas o la mímesis figurativa, el verdadero adorno de su arquitectura será la capacidad sensorial que aporta la misma. La austeridad formal elimina la decoración, los materiales aprovechan esta condición para destacar y ennoblecerse, por lo que el nuevo decoro moderno habita en el detalle.

> *"...Comparaba la ausencia de la decoración con la ausencia en la conversación entre dos personas; y es que hay personas que nos interesan más por lo que callan que por lo que dicen."*
>
> *Alejandro de la Sota.*[54]

Como recuerda María Antonietta Grippa, Scarpa inauguró el curso en el IUAV en 1963 defendiendo la necesidad de ornamento para alcanzar la viveza expresiva y de significante en la arquitectura, y se oponía a la definición de espacios por medio de desnudas estereometrías y simplismos formales. Es decir, Scarpa defiende la posibilidad de enriquecer

---

[54] Alejandro De la Sota. Escritos, conversaciones, conferencias. Ed. GG. 2012. p.98

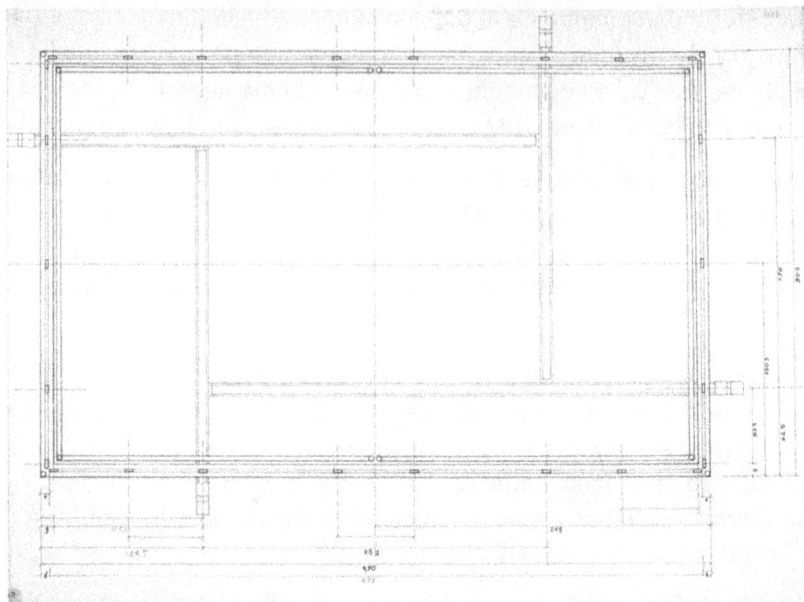

Dibujo del diseño del pabellón de la meditación. Tumba Brion. San Vito d'Altivole.
Italia. 1969-78. Carlo Scarpa. Fuente: MAXXI Roma.

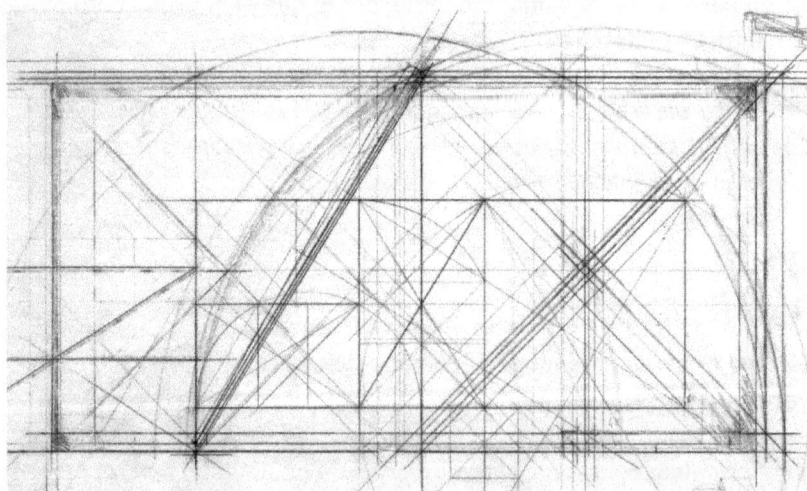

Dibujo del diseño del pabellón de la meditación. Tumba Brion. San Vito d'Altivole.
Italia. 1969-78. Carlo Scarpa. Fuente: MAXXI Roma.

el diseño, sin temor a la inclusión de elementos, pero garantizando un equilibrio compositivo y visual. Consideraba primordial la concepción de una arquitectura vestida y decorosa pero no decorada.[55]

DETALLE ABSTRACCIÓN Y SÍMBOLO

La abstracción le permite introducir en el espacio arquitectónico alusiones simbólicas, gracias al empleo de formas elementales. Etimológicamente la palabra símbolo proviene del griego sym-ballan, lanzar juntas dos cosas, por lo tanto, la idea de juntar y asociar está implícita en el concepto de símbolo.

Desde esta premisa Scarpa asociará varios símbolos recurrentes vinculándolos al tipo arquitectónico (en el caso de la tumba Brion) o aportando cierto misticismo y misterio con la inclusión de la simbología en lugares aparentemente inexplicables, como en los muros de hormigón o en los pavimentos.

La geometría del círculo será recurrente en los símbolos de su obra. Considerado como símbolo de la vida, aparecerá constantemente, y de diversos modos, en los espacios de la tumba Brion. El círculo se mostrará aquí como elemento metafórico que simboliza la vida de la familia. Representa también lo completo y la perfección, filosofía de su trabajo demostrada a través de la perseverancia y la dedicación hacia el más mínimo detalle. Pero el círculo es también el símbolo del oro en la alquimia.

De esta forma la incrustación de elementos circulares en los muros nos aporta el mensaje velado de que hormigón queda dignificado por su tratamiento, como material noble. La realidad parece acompañar esta idea ya que el hormigón es el material fundamental utilizado en muchas de sus obras, dotándolo de un protagonismo exclusivo y previendo el comportamiento del material, como si hubiera vaticinado el resultado de su envejecimiento.

---

[55] Maria Antonieta Grippa. Introducción al libro: Albertini, Bianca, y Sandro Bagnoli. Scarpa: La Arquitectura en el Detalle. Gustavo Gili Editorial S.A., 1989. P.14.

Detalle de hormigón. Tumba Brion. San Vito d'Altivole. Italia. 1969-78. Carlo Scarpa.
Dibujo Andrés Ros.

Scarpa no era un conformista que se satisficiera con soluciones convencionales. Su condición de profesional inquieto intelectualmente le hacía probar nuevas composiciones de los estucos, añadiendo diferentes componentes que alteraran el color, el brillo o el comportamiento al envejecimiento. El hormigón no será menos, y sus soluciones preveían el envejecimiento del material como una virtud en sí misma. Una exposición a la humedad posibilitaría unos tonos diferentes con el paso del tiempo.

La dignificación de un material tan austero había sido ya una conquista de la modernidad arquitectónica. No obstante, Scarpa refuerza esta idea, otorgándole al hormigón la función de soporte de otro material que sin duda tenía para él la condición de noble, como es el vidrio.

En este punto recordamos el muro de hormigón del jardín de la fundación Querini o los propios de la tumba Brion. En ambos proyectos los muros de hormigón son recorridos por líneas teseladas de vidrio de Murano coloreado, incrustados en su masa, sirviendo por tanto el muro de engarce de las delicadas piezas.

Merece especial atención el símbolo formado por dos círculos entrelazados, que aparece tanto en la tumba Brion como en detalles de la tienda Gavina. En ellos podemos interpretar varios significados. Representará el enlace conyugal, en la tumba de San Vito di Altivole, recurriendo a los colores rojo-azul simbolizando la unión hombre-mujer representada como dos círculos de teselas de vidrio que se intersectan.

Por otra parte, los círculos entrelazados recuerdan la remota figura de la *versica piscis* y que en la tradición cristiana constituye una referencia a Jesucristo. En origen su disposición vertical hacía referencia a la feminidad, y a la maternidad. Posteriormente los cristianos la adoptaron como símbolo girándola 90 grados y convirtiéndola en el símbolo del pez. No obstante, prevalecieron imágenes de Jesucristo enmarcadas en la *versica piscis* en posición vertical.[56]

Otros símbolos recurrentes en su arquitectura son el cuadrado o la cruz. Merece especial atención la cruz de la capilla del cementerio Brion por su abstracción. En la capilla aparece diseñada con mucha sutileza, como líneas finas de madera que flotan en el ambiente, en una de las esquinas de la planta cuadrada y anclada a los muros por tres puntos.

Además, en San Vito di Altivole, encontramos una cruz de piedra con incrustaciones de teselas de vidrio, en el estanque de la meditación, flotando a su vez sobre el agua y percibida desde el pabellón al mirar hacia las tumbas. También apreciamos la cruz en las molduras que acompañar el surco de agua desde el estanque hasta el arcosolio y por último detectamos el símbolo incrustado en los muros de hormigón.

---

[56] Priya Hemenway. El código secreto. La misteriosa fórmula que rige el arte, la naturaleza y la ciencia. Ed. Evergree. 2008. Köln. P 50.

Detalle de la fachada de la tienda Olivetti en Venecia. 1957-58. Carlo Scarpa.
Fotografía: Andrés Ros.

LA MATERIALIZACIÓN DE LA GEOMETRÍA

En los dibujos y planos de Scarpa se aprecia la importancia de la modulación geométrica que constituía la base de todo proyecto. En ellos se puede leer la búsqueda del maestro a través de infinidad de trazados y pruebas geométricas que relacionan cada uno de los elementos del espacio. El soporte geométrico se convierte así en la esencia del sistema compositivo.

En la obra de Carlo Scarpa descubrimos algunos proyectos con trazados que tienden a lo orgánico, quizás influenciados por la admiración hacia Wright. Los proyectos están trazados sobre rigurosos y elaborados estudios geométricos. Observando algunos de estos dibujos en los documentos originales se aprecia que el hecho geométrico era para él una obsesión.

Encontramos la geometría en la modulación y en cada uno de los elementos que configuran el espacio. El resultado final de sus proyectos es fruto de una reflexión geométrica, no siempre sencilla de obtener, que da forma y relación a los elementos que la componen y a la totalidad del conjunto.

La geometría también se evidencia a través del uso de los materiales utilizados, que son de gran variedad (vidrios, maderas, piedras de Istria, mármoles, estucos de diferentes composiciones, acabados en mortero de cemento, hormigón, elementos metálicos de acero, cobre etc...) Quizás el mayor logro que consiguió fue la utilización de varios de ellos en un único proyecto sin que por ello se resintiera ni la unidad del conjunto, debido a la variación, ni la percepción agradable del mismo.

Conociendo la admiración de Scarpa por determinados referentes que se revelan a través de los detalles extendidos por sus obras, que nos manifiestan las influencias de Frank Lloyd Wright, de la arquitectura tradicional japonesa y de las teorías neoplasticistas son más que evidentes. De Wright heredaría la capacidad de trabajar con un módulo geométrico, de la arquitectura tradicional japonesa admiró la sutileza y la sensibilidad con que se resolvían los detalles y de las teorías neoplasticias comprendió la importancia de la línea y la depuración de las formas y las superficies.

EL MODELO MUSEOGRÁFICO DE CARLO SCARPA

Los planteamientos de Scarpa sobre la museografía, nacen de la idea de la posibilidad de que una pieza de arte, para ser exhibida, puede disponerse en un espacio que potencie su percepción y su comprensión. Esto supondrá el plantearse de forma exclusiva la naturaleza de cada pieza, su relevancia, su poder pedagógico y la mejor manera de significar todo esto.

El concepto de museo, para Scarpa, surge de la necesidad de ordenar y exponer correctamente las piezas de valor artístico, bajo la premisa de que el espacio en el que se disponen y la forma en que ello se resuelve es fundamental para el objetivo planteado.

Carlo Scarpa profundizará en la idea, proponiendo que cada obra es susceptible de estudiarse de forma individualizada para disponer de una respuesta propia, en la que intervendrá el espacio en el que se exhibe. Se concibe entonces un espacio para albergar las obras de arte y poder contemplarlas correctamente, en una manifestación de la idea de exposición exclusiva de cada pieza y que supone un hecho diferenciador frente a la visión generalista sobre el tema, legada por los maestros del Movimiento Moderno.

Diferentes elementos contribuirán a ello, así como la posición, el punto de vista, la iluminación y el propio soporte de la misma. Demostrará que existe pues una manera abstracta de resolver el problema museográfico en cuanto a posición de las piezas y resolución de los mecanismos de soporte. La codificación abstracta, casi aséptica del problema impone lo esencial, para no competir con el valor artísticos de las obras a las que sostienen.

La capacidad de análisis y de deducción de la esencia de lo diseñado le permitió intervenir en restauraciones arquitectónica precursoras y tratar el tema museográfico con exquisita sensibilidad. La solución se estudia con minuciosidad, con el objetivo de realzar las cualidades, tanto de la obra arquitectónica, como de la pieza de arte a exponer. El detalle arquitectónico se transforma en una especie de obra de arte. Para Scarpa ornamentar es, diseñar la arquitectura a la escala del detalle.

El enfoque aportado por Carlo Scarpa a través de su obra supuso una renovación en la concepción del espacio expositivo y el tratamiento de los contenidos museográficos. Sus planteamientos demostraron aquello que nadie antes había experimentado, como es la capacidad del nuevo diseño y de la nueva arquitectura para responder de forma individualizada a cada una de las piezas expuestas en un museo.

La aproximación a la obra de Carlo Scarpa nos descubre una escala del detalle museográfico que nunca se había experimentado. Ese cuidado por las soluciones de encuentros y por la idoneidad de los planteamientos expositivos constituye un verdadero aporte a la historia de la arquitectura, y es por tanto un modelo de la teoría museográfica contemporánea.

El interés de las intervenciones de Scarpa radica en la abstracción y depuración, tanto de sus espacios expositivos como de los elementos de soporte de las obras a exponer, permitiéndose en ocasiones recrearse en detalles que enriquecen las piezas con una delicadeza que casi podríamos calificar de orfebrería.

La abstracción, en cuanto a conjunto de señales que dan a entender algo, aparece en la arquitectura de Scarpa como mensaje que revaloriza el espacio y resalta la obra artística. Le permite a Scarpa integrar los delicados diseños de pedestales, soportes y vitrinas en los espacios neutros y abstractos que creaba, aun interviniendo en edificios históricos a rehabilitar.

En la Alejandría del s. III a.C, el museo era el lugar o espacio destinado a las artes y la ciencia, es decir existía una vinculación directa entre la historia y la formación artística. Por otro lado, el término museografía, contempla el conjunto de actuaciones espaciales y compositivas que contribuyen al buen funcionamiento del museo contemporáneo.

A través de las técnicas museográficas se atiende al mejor posicionamiento de los objetos expuestos en él. Además, se considera la integra-

Detalle del Museo de Castelvecchio. Verona. 1957-74. Carlo Scarpa. Fotografía: Andrés Ros.

Soporte para escultura. Intervención
y acondicionamiento de la Pinacoteca
del Museo Correr. 1957-71.
Carlo Scarpa. Fuente: MAXXI Roma.

ción de elementos informativos y su correcta puesta en escena, con el
objetivo de no ser elementos disonantes en la percepción de las obras
artísticas. En este sentido la abstracción como lenguaje, tiene un valor
en su aplicación al espacio expositivo, permitiendo, por una parte, no
distraer la atención del objeto expuesto, y por otra reforzando aquellas
características que valoran la obra y merecen ser destacadas.

Los maestros del Movimiento Moderno se limitaron a una concepción
general del espacio arquitectónico sin disminuir a una escala menor que
relacionara de forma más próxima el arte y el museo.

Ni Frank Lloyd Wright, ni Le Corbusier, ni Mies, se preocuparon por
considerar las características de los objetos que contendrían sus museos.

El Gugemheim de Nueva York, obliga al observador a asumir una posición incómoda a lo largo de la rampa helicoidal, mientras que el museo sin fin de Le Corbusier o el museo para una pequeña ciudad de Mies, no atienden a los matices de lo expuesto.

Mies nos ofrece también una versión depurada en la Neue Nationalgalerie, donde el espacio expositivo se resuelve arquitectónicamente con una cubierta. Evidentemente el corramiento de vidrio y los núcleos de comunicación vertical existen y son necesarios, los unos permiten no obstante la fluidez visual y los otros se diluyen en la amplitud del espacio intentando pasar desapercibidos sin contaminar la idea original de diafanidad.

En el nivel inferior albergará las galerías permanentes y otros espacios de servicio, ambos en una configuración más compartimentada. Como nos hace ver Peter Carter existe una dualidad entre los espacios expositivos permanentes de la planta inferior, que son rígidos, frente a los de la planta superior, destinada a las exposiciones temporales, resueltos como una planta diáfana que plantea una absoluta flexibilidad.

Podríamos afirmar que el espacio de Mies no generaba a priori un orden de los objetos a exponer, sino que esta opción quedaba abierta a infinitas posibilidades. Prácticamente el espacio arquitectónico no contribuía más que a albergar lo expuesto con una iluminación uniforme para todos los elementos.

Esta idea es precisamente, contraria a lo que la arquitectura de Scarpa proponía. Los objetos se fijaban en el espacio a través de elementos diseñados exprofeso que formaban parte del espacio completo de las salas y ayudaban a resolver la circulación del mismo.

Por otra parte, Le Corbusier propondrá en 1931 una solución de museo que atiende a la ampliación de sus fondos y por lo tanto resuelve la prevalencia de la institución y su evolución. Desatenderá sin embargo el detalle museográfico del contenido. Para ello se resuelve un espacio enroscado en sí mismo, como una espiral geometrizada a formas lineales y ortogonales entre sí, desplegándose desde el centro hasta el infinito.

EL NUEVO MODELO MUSEOGRÁFICO

Tras el conflicto bélico de la Segunda Guerra Mundial se plantea la re-configuración de las colecciones museísticas en Italia y la necesidad de repensar la ubicación y la selección de las obras a exponer.

En este contexto Carlo Scarpa comenzará en 1945 la intervención museográfica de la *"Galleria dell'Accademia"* en Venecia. Tarea que se prolongará hasta 1959, constituyendo la inauguración de la nueva teoría museográfica. La intervención consistirá básicamente en sutiles intervenciones sobre; escaleras, paneles-soporte para las obras pictóricas y señalética.

El primer congreso sobre museografía se celebró en Madrid en 1934 por lo que las nuevas teorías llegan con cierto retraso a Italia respecto de la experiencia europea, aunque lo harán con gran intensidad convirtiéndose en un modelo a seguir.

Entre los parámetros considerados en los años 30 destaca la idea de la selección de obras, frente a la inercia en mostrar todos los fondos museográficos. En cuanto al lenguaje apropiado en las intervenciones arquitectónicas y en el diseño de exposiciones, se establece la recomendación de la depuración exquisita y la neutralidad. Finalmente se plantea el cromatismo de los planos de fondo de las piezas expuestas, en función del periodo histórico al que pertenezcan.

En la obra de Scarpa se verá con mayor nitidez cómo el objeto dialogará con el espacio y los elementos que lo componen y viceversa. Existe pues un proceso de reflexión sobre la esencia de cada objeto que afectará a múltiples parámetros, desde la iluminación, a su posición en el espacio en relación con los condicionantes del mismo. La estrategia visual se estudia al milímetro y al cuidado de la materialidad que hará que cualquier atril o soporte de las obras deba dialogar tanto con la obra como con el espacio sin producir estridencias.

Detalle de la iluminación y del soporte para las esculturas del Museo de Castelvecchio. Verona. 1957-74. Carlo Scarpa. Fotografía: Andrés Ros.

Se trata por tanto de una estrategia de depuración aplicada a la museografía, con la que Scarpa pretende resaltar las cualidades esenciales de las piezas, caracterizándolas para potenciar el diálogo con el espacio. Se contempla a su vez la posición de las piezas en el espacio arquitectónico, racionalizando la exposición y sus recorridos. Las consecuencias de estas operaciones serán la intervención sobre la iluminación, combinando natural y artificial, el estudio minucioso de los elementos de apoyo de las piezas a exponer, la integración con el espacio arquitectónico y la consecución de unas nuevas condiciones de percepción.

Otro concepto que influye con fuerza en la segunda mitad del siglo XX es el de *"museo viviente"*. En la historia de la museografía se venía utilizando desde los años treinta este concepto, en contraposición al calificativo de *"museo como cementerio de obras"* donde éstas quedaban depositadas sin el correcto trato en su presentación ni en el espacio que las contenía.

La idea propuesta suponía reconsiderar la aparición de cada pieza en el espacio y el cuidado de la perspectiva con el fin de conseguir toda la capacidad pedagógica del arte. El origen del concepto de *"museo viviente"*, está ligado a los experimentos museográficos desarrollados entre los años 1923 y 1936 por Alexander Dorner en el Landesmuseum de Hannover.[57]

Dorner defendía que, en función de las características de los objetos a presentar, el espacio que los contenía debía adaptarse a la naturaleza de su contenido. Se buscaban alusiones sutiles al momento cronológico de cada pieza, utilizando un código expositivo que nos indicara la naturaleza temporal de la obra.

En concreto las paredes y techos oscuros evocarían la Edad Media. Las superficies de tonos claros se utilizarían para expresar el contexto del Renacimiento. Las superficies aterciopeladas representarían el Barroco y los tonos pastel (rosas, cremas) servirían para albergar el rococó.

[57] Samuel Caumann. El Museo Viviente. La experiencia de un director historiador del arte y el museo: Alexander Dorner. Torchbearer, Hannover 1958

A través del espacio expositivo, la obra de arte se visualiza, se interpreta y se analiza de forma precisa y efectiva, destacando aquellas cualidades más significativas, y reforzando el valor simbólico que cada una de ellas pudiera tener en su contexto.

Algunos vieron en todos estos mecanismos un motivo de distracción sobre la pieza expuesta. Pero lo destacable es que existe una relación entre la obra artística concreta y el espacio abstracto. Es decir, el espacio interactúa con la pieza expuesta a través de su propia concepción, con elementos como el color, la luz, el material y los elementos básicos del lenguaje moderno; el punto, la línea y el plano.

Lo más destacable fue el aporte de las vanguardias a la concepción de espacios en los que su estructura formal se reducía a un esqueleto formado por líneas y planos, siguiendo los preceptos neoplasticistas. Ejemplo de ello es *"La ciudad en el espacio"* de Frederick Kiesler de 1925.

Las vanguardias habían ya experimentado con la idea de configurar exposiciones con elementos lineales que conformaban soportes y estructuras ligeras para soportar lo expuesto. Generalmente este tipo de montajes eran efímeros. Esta reducción a lo elemental convierte la actuación en un ejercicio de abstracción sobre los soportes de cada una de las obras que sostienen.

A lo largo de la historia se había atendido más al espacio en su concepción general que a los detalles museográficos. Como se ha comentado, en la segunda mitad del siglo XX se produjeron en Italia influencias recíprocas entre ciertas obras coetáneas que contribuyeron a enriquecer para siempre la teoría museográfica.

El valor de estas actuaciones radica en los mecanismos abstractos utilizados por los arquitectos del momento. Las intervenciones de Franco Albini junto con las de BBPR, Gardella y Scarpa son los mejores exponentes de la museografía italiana de posguerra. Se caracterizarán por la innovaron de las técnicas expositivas, la integración del arte antiguo con el diseño contemporáneo, y la consideración del museo como espacio pedagógico.

Instalación de la exposición Paul Klee (1879-1940), XXIV Bienal Internacional de Arte, Palazzo Centrale, Giardini di Castello, Venecia. XXIV Bienal Internacional de Arte Venecia 1948. Carlo Scarpa. Fuente: MAXXI Roma.

Franco Albini (1905-1977) como arquitecto y diseñador, exponente del racionalismo italiano constituye junto con Scarpa el mayor referente coetáneo que desarrolló la museografía. Su museo del tesoro de San lorenzo (1952-56), en Génova es un paradigma de esta época. El espacio se plantea en una antigua cripta bajo un patio del palacio arzobispal, colindante con la catedral de Génova quedando pegado a su ábside.

A pesar de que en español hablamos indistintamente de montaje o instalación de una exposición, en italiano existe un concepto que ayuda a entender los logros de todos estos precursores de la museografía y que plantea una diferencia calificativa en cuanto a las intervenciones sobre las exposiciones.

Diferenciaríamos por tanto entre dos supuestos con connotaciones diferentes; "*allestimento*" o "*sistemazione*". *Allestimento* alude a la temporalidad, preparación y montaje de exposición, obra teatral o ceremonia de carácter más efímero. Por el contrario, *sistemazione* alude a la permanencia y al orden. Vien a significar, disponer ordenadamente siguiendo un determinado sistema definido.

LA MUSEOGRAFÍA DE CARLO SCARPA

La extensa trayectoria de Scarpa en el diseño de exposiciones tiene su origen a principios de los años treinta del siglo XX con la realización de una serie de intervenciones en establecimientos comerciales con exposición de producto, donde la componente de presentación de los objetos era primordial.

El reconocimiento internacional, a su labor museográfica se culminó en 1968 con la exposición de sus proyectos en el MOMA de Nueva York en la exposición con el título "*Arquitectura del museo*".

Carlo Scarpa concebirá el espacio museográfico como un espacio acotado y no diáfano, un espacio limitado tanto por los planos de fondo como por los propios objetos en él expuestos. Es un espacio por tanto finito y controlado.

Los recursos abstractos utilizados para ello son los propios del léxico moderno, en especial heredados del neoplasticismo, prevaleciendo lo abstracto frente a lo figurativo, lo geométrico frente a lo orgánico, y lo intelectual frente a lo inmediato. Como se ha dicho anteriormente, esta relación conseguida entre espacio arquitectónico, elementos de soporte y obra artística constituye una superación de la belleza que lo acerca a la idea romántica de lo sublime.

Lo más relevante del diseño de los elementos de soporte de las piezas a exponer recae en la idea de que, los mismos, parecen haberse creado para ese espacio arquitectónico concreto. Todo ello sin caer en la facilidad de la reproducción en estilo, sino en una lectura comprensiva, atemporal y racional de lo verdaderamente destacable de cada pieza.

El lenguaje abstracto utilizado en la museografía, aplicado a sus diferentes escalas; desde el espacio expositivo a las pequeñas piezas y elementos de apoyo, destaca las características de las obras de arte. De forma complementaria, la correcta iluminación tanto natural como

artificial, contribuye a destacar los detalles característicos de cada pieza artística.

La estudiada disposición en las salas permite una circulación ordenada e incluso rotacional y contemplativa, desvelando en las esculturas perspectivas y puntos de vista inéditos nunca antes ofrecidos al público. De esta manera se es fiel a la mirada del artista que obviamente experimentó todos los ángulos posibles de la pieza esculpida. Estos elementos diseñados parecen formar parte de la obra de arte que soportan destacando su naturaleza.

Cuando el contexto es forzado y obligado, la tarea resulta más fácil Scarpa estudia la naturaleza de la obra a exponer, profundizando en sus características, indagando en cómo destacar sus virtudes y pensando en la mejor manera de presentarla.

En el caso de las esculturas, demuestra especial cuidado permitiendo la variación de puntos de vista que resaltan su interés y facilitan su percepción y por lo tanto la comprensión íntegra. Los pedestales y soportes se adaptan convenientemente a la naturaleza de la pieza escultórica, como si hubiera recuperado un elemento perdido del conjunto y lo hubiera recolocado en una operación de cuidada anastilosis.

Lo paradójico es que, a pesar de utilizar un lenguaje abstracto y contemporáneo para ello, la imbricación y el diálogo con lo patrimonial es perfecto. Una vez Scarpa ha creado la pieza de apoyo de la obra, pasa a formar parte de ésta, como algo inseparable, propio de la misma y atemporal.

Con motivo de la muestra sobre Piet Mondrian, en la Galleria Nazionale d'Arte Moderna de Roma en 1957, Scarpa profundizó en un conocimiento exhaustivo de la obra del artista llegando a la intención de transformar la gallería destinada a la exposición en una escenografía neoplasticista que integrara la esencia de las teorías de Mondrian.

Estatua de Cangrande de la Scala. Museo de Castelvecchio. Verona. 1957-74. Carlo Scarpa. Fotografía: Andrés Ros.

Estatua de Cangrande de la Scala.
Museo de Castelvecchio. Verona.
1957-74. Carlo Scarpa.
Fotografía: Andrés Ros.

La solución espacial adopta así un efecto pictórico, resuelta con grandes lienzos blancos montados sobre bastidores que iban ordenando el espacio de circulación y servían de fondo de los cuadros de expuestos.

Existen otras obras de Carlo Scarpa, que por sus planteamientos merecen ser consideradas porque aportan una visión complementaria sobre el enfoque expositivo. Desde mi punto de vista, la secuencia de obras principales de Scarpa en torno a la museografía, serían:

- Pabellón de Venezuela, Venecia, 1953-1956.

- Galería de los Uffizi y sala de dibujos y grabados de Florencia, 1953-1960.

- Galería de la Academia, Venecia. 1945-59.

- Museo Correr, Venecia, 1952-1953, 1957-1969.

- Jardín de las esculturas, Venecia 1952.

- Tienda Olivetti. Venecia 1957-58.

- Palacio Abatellis (Galería Regional de Sicilia), Palermo, 1953-1954.

- Fundación Querini Stampalia, Venezia. 1961-63.

- Tienda Gavina, Bologna. 1961-63.

- Museo de Castelvecchio, Verona. 1957-64, 1967-70, 1974.

- Museo Palazzo Abatelis, Palermo. 1953

En el palacio Abatelis resuelve el problema situando las esculturas en la planta baja y las pinturas en la planta superior controlando que la propia ordenación de las piezas favorezca el recorrido expositivo.

El resultado de la intervención consigue recuperar el esplendor tanto del edificio como de las obras de arte expuestas, por lo que constituirá uno de los ejemplos museográficos más destacables y una lección a integrar en la teoría museográfica mundial, proporcionando un documento muy esclarecedor como paradigma de la concepción moderna de la museografía en Italia.

Otra operación museográfica relevante en cuanto a la ordenación de piezas, la constituye la ruptura de los tradicionales convenios que pegaban las piezas junto a los paramentos verticales.

En este caso Scarpa dispone los crucifijos medievales de los fondos del museo, ocupando el espacio central de la sala, para que reciban mayor iluminación y asuman el protagonismo de la exposición, para lo cual les diseña a cada pieza un pedestal de piedra independiente.

Por último, otra pieza que merece un comentario y que sirve de ejemplo para ilustrar la vigencia de las teorías de Alexander Dorner, es la *sistemazione* del busto de Leonor de Aragón, tallado en mármol, y que Scarpa lo dispone sobre un pedestal de madera de ébano frente a un panel de

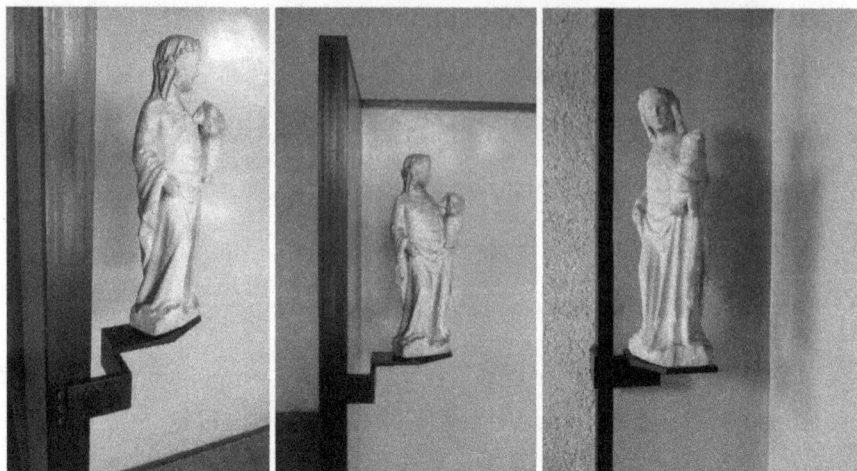

Detalle de soporte para escultura. Museo de Castelvecchio. Verona. 1957-74. Carlo Scarpa.
Fotografía: Andrés Ros.

madera pintado de verde, generando así una lectura figura-fondo que resalta la calidad de la pieza escultórica.

En el Museo de Castelvecchio, en Verona (1957-64, 1967-70, 1974) Scarpa se encontró con la petición de intervenir, tanto en la ordenación de los fondos del museo como en el propio edificio del castillo

Desde su funcionamiento como museo en 1923, el problema expositivo había carecido de un criterio válido, a la altura del contenido de los fondos. A estos condicionantes había que unir el reto de colocar la estatua de Alberto I Canfrancesco della Scala (1291-1329), conocido como Cangrande della Scala, Señor de Verona.

Con motivo de la existencia en el propio edificio de elementos impropios añadidos en restauraciones carentes de un criterio acertado, Scarpa se ve obligado a realizar algunas demoliciones. No obstante, le servirán para proponer una de las soluciones más imponentes, escenográficas y paradigmáticas en cuanto a la exhibición de una pieza artística, formada por la escultura ecuestre de Cangrande. La estatua fue colocada en el encuentro del ala napoleónica con la antigua torre del castillo.

Para ello Scarpa realizó una operación de destrucción de la forma del edificio principal del museo (el ala napoleónica recayente al norte) con el fin de separar las dos actuaciones que cronológicamente no se correspondían. Precisamente en este punto fragmentado, plantea la colocación de la estatua sobre un soporte de hormigón que resalta su condición moderna.

Con esta operación Scarpa nos explica la combinación de tres momentos diferentes en la historia de las intervenciones sobre el edificio pretende evidenciar la constitución estratificada de si intervención moderna.

Por otra parte, en las salas de la planta baja, destinadas a la escultura, el espacio se resuelve como una sucesión de salas en *"enfilade"* que van definiendo la geometría cuadrada de cada una de ellas, dibujada en el pavimento perfectamente regular. Sin embargo, como las salas no son regulares la irregularidad queda absorbida en un rehundido perimetral del pavimento.

En este espacio se disponen las esculturas con total autonomía, demostrada por la exclusividad de cada uno de sus elementos de apoyo, diseñados atendiendo a las características de cada una de ellas.

La planta superior, destinada a la pintura, utiliza unos paneles montados sobre bastidores metálicos sobre los que se resuelve un paramento acabado en estuco. Estos elementos sirven de soporte de las piezas, pero también acotan y direccionan las circulaciones.

No obstante, a pesar de su importante función, su aparición en el espacio evita unirse a los elementos preexistentes del edifico, esperándose por tanto del perímetro de las salas, permitiendo una conexión visual y circulatoria entre todas ellas a la vez que aporta una lectura de identificación entre lo clásico y lo moderno.

En la intervención en la Fondazione Querini Stampalia, en Venezia (1961-63) no existen fondos expositivos que ordenar y colocar, por lo que el espacio destinado a realizar exposiciones se plantea diáfano, como un contenedor sin contenido previo.

Sin embargo, Scarpa se preocupó de exponer y manifestar la naturaleza histórica del espacio sobre el que actuaba contrarrestando el riesgo que suponía una intervención de este tipo con soluciones y códigos modernos.

Sobre la escalera antigua coloca nuevos peldaños de piedra de Istria, permitiendo la lectura de las antiguas huellas. Los arcos del espacio interior los refuerza y los enmarca en nuevos revestimientos, pero destacando siempre la moldura histórica del palacio del siglo XVI.

La solución más potente consistió en resaltar el propio edifico, para lo que se le dota de un nuevo acceso, a través de la fachada principal que únicamente disponía de un acceso desde el canal. Para ello diseña un nuevo puente, de trazo moderno y naturaleza tectónica que, a pesar de combinar acero, latón, piedra y madera de teca, se resuelve con una gran elegancia y delicadeza.

Por otra parte, a través del acceso desde el canal, permitirá la entrada de l'acqua alta al interior del edificio, canalizándola perimetralmente por algunas de las salas. En este mismo acceso el desnivel desde el agua se resuelve mediante grandes elementos macizos de condición estereotómica.

En cuanto a la sala principal, Scarpa resuelve la iluminación de esta mediante la iluminación natural pasante desde el acceso del canal hasta la salida posterior al jardín, y la artificial empotrada en los paramentos verticales con vidrio esmerilado que difumina la luz y mediante elementos puntuales que se anclan en el techo.

No es posible ignorar la metáfora presente en la conexión espacial entre el agua del canal y el agua que aparece en el jardín posterior, ambas presentes en los extremos del espacio expositivo principal.

EPÍLOGO

Carlo Scarpa se revela como un creador detallista que admira las vanguardias como fuente de conocimiento y demuestra una capacidad de interpretación y creación inusuales. Personifica la esencia del diseño, en su afán de buscar la perfección, ajeno a otros interesas espurios y poco nobles. Su intención fue siempre la de ennoblecer, el arte, la arquitectura y el diseño.

Su actitud profesional le hizo huir de convencionalismos y explora las posibilidades creativas con una originalidad ecléctica propia de los maestros. Demostró una sensibilidad especial para integrar sus diseños en los contextos más variados, sin importar la escala de intervención. Desde la ciudad al objeto.

En sus espacios, fijarse en las soluciones de los detalles es un deleite intelectual. Emergen emociones en cada solución y el axioma gestáltico *"ver es pensar"* se manifiesta constantemente en su arquitectura. El detalle deviene en ornamento necesario y complemento emotivo.

Pero quizás la aportación más importante de Scarpa a la historia de la arquitectura sea la conjugación de lo moderno con lo existente. A través de la abstracción de sus diseños, logra una simbiosis entre elementos históricos y modernos, trasladando una sensación de proyecto integral, a la vez que le introduce alusiones simbólicas.

Scarpa concibe un espacio acotado, limitado, finito y controlado, alcanzando una elegante sofisticación. A través de su trabajo con la materia consigue transformar lo convencional en trascendental, sentando un precedente magistral. Añadiendo arte al arte.

BIBLIOGRAFÍA

Albertini, Bianca, y Sandro Bagnoli. Scarpa: La Arquitectura en el Detalle. Gustavo Gili Editorial S.A., 1989.

Arnau Amo, Joaquín. 24 ideas de arquitectura. Universidad Politécnica, Servicio de Publicaciones, 1994.

Arnau Amo, Joaquín. 72 voces para un diccionario de arquitectura teórica. Celeste Ediciones, 2000.

Arnau Amo, Joaquín, María-Elia (ed) Gutiérrez-Mozo, y Marta (col) Fernández Guardado. Arquitectura. Ritos y ritmos. Calamar Ediciones, 2014.

Arnheim, Rudolf. Visual Thinking. University of California Press, 1969.

Barragán, Luís. Luis Barragán, ensayos y apuntes para un bosquejo critico. Museo Rufino Tamayo, 1985.

Benevolo, Leonardo. Historia de la arquitectura moderna. MIT Press, 1977.

Campo, Baeza. Aprendiendo a pensar. Nobuko, 2021.

Co, Francesco Dal, y Giuseppe Mazzariol. Carlo Scarpa: The Complete Works. Electa, 1985.

Conrads, Ulrich. Programs and Manifestoes on 20th-Century Architecture. MIT Press, 1970.

Corbusier, Le. Vers une architecture. G. Crès et Cie, 1924.

Dondis, Donis A. La sintaxis de la imagen: introducción al alfabeto visual. Gustavo Gili, 1998.

Frampton, Kenneth. Estudios sobre cultura tectónica. Ediciones AKAL, 1999.

Giedion, Sigfried. Space, Time and Architecture: The Growth of a New Tradition. Harvard University Press, 1967.

Greenberg, Allan. Espacio fluido versus espacio sistemático: Lutyens, Wright, Loos, Mies, Le Corbusier. UPC, 1995.

Guidi, Guido, y Antonello Frongia. Carlo Scarpa's Tomba Brion. Hatje Cantz, 2011.

Hemenway, Priya. El Código Secreto. Evergreen, 2008.

Hereu, Pere, Josep María Montaner, y Jordi Oliveras. Textos de Arquitectura de la Modernidad. Editorial NEREA, 1994.

Ignasi, Solà-Morales Rubio, Llorente Díaz Marta, y Oliveras Samitier Jordi. Introducción a la arquitectura. Conceptos fundamentales. Universitat Politècnica de Catalunya. Iniciativa Digital Politècnica, 2004.

Marcianò, Ada Francesca. Carlo Scarpa. Gustavo Gili, 1984.

McCarter, Robert. Carlo Scarpa. Phaidon Press, 2013.

Montaner, Josep María. Después Del Movimiento Moderno: Arquitectura de la Segunda Mitad Del Siglo XX. Gustavo Gili, 1999.

Noever, Peter. Carlo Scarpa: The Craft of Architecture. Hatje Cantz Verlag GmbH & Company KG, 2003.

Pazzaglini, Marcello. Architettura italiana negli anni '60 e seconda avanguardia. Mancosu Editore, 2006.

Rico, Juan Carlos. Museos, arquitectura, arte: los espacios expositivos. Sílex, 1994.

Ruskin, John. The Seven Lamps of Architecture. Wiley & Halsted, 1857.

Sedlmayr, Hans. La revolución del arte moderno. Acantilado, 2008.

Solà-Morales i Rubió, Ignasi. Inscripciones. Editorial Gustavo Gili, 2003.

Sota, Alejandro de la. Alejandro de la Sota: escritos, conversaciones, conferencias. Editorial Gustavo Gili, 2002.

Tegethoff, Wolf, y Vitale Zanchettin. Carlo Scarpa: Struttura e Forme. Regione Veneto, 2007.

Worringer, Wilhelm. Abstraktion und Einfühlung: ein Beitrag zur Stilpsychologie. Piper, 1908.

Zevi, Bruno. Leer, escribir, hablar arquitectura. Apóstrofe, 1999.

Zevi, Bruno. The Modern Language Of Architecture. Da Capo Press, 1994.

Tumba Brion. San Vito d'Altivole. Italia. 1969-78. Carlo Scarpa. Fotografía: Andrés Ros.

www.ingramcontent.com/pod-product-compliance
Lightning Source LLC
LaVergne TN
LVHW091225080426
835509LV00009B/1173